Todos los libros de Linkgua Ediciones cuentan con modelos de Inteligencia Artificial entrenados por hispanistas. Pregúntale al chat de tu libro lo que desees acerca de la obra o su autor/a.

Para ebooks: Accede a nuestro modelo de IA a través de este enlace.

Para libros impresos: Escanea el código QR de la portada con tu dispositivo móvil.

Obtén análisis detallados de nuestros libros, resúmenes, respuestas a tus preguntas y accede a nuestras ediciones críticas generativas para una experiencia de lectura más enriquecedora.
La transparencia y el respeto hacia la autoría de las fuentes utilizadas son distintivos básicos de nuestro proyecto. Por ello, las respuestas ofrecen, mediante un sistema de citas, las fuentes con las que han sido elaboradas.

Eugenio María de Hostos

Meditando

Barcelona 2024
Linkgua-ediciones.com

Créditos

Título original: Meditando.

© 2024, Red ediciones S.L.

e-mail: info@linkgua.com

Diseño de la colección: Michel Mallard.

ISBN rústica ilustrada: 978-84-9953-582-1.
ISBN tapa dura: 978-84-1126-650-5.
ISBN ebook: 978-84-9953-335-3.

Cualquier forma de reproducción, distribución, comunicación pública o transformación de esta obra solo puede ser realizada con la autorización de sus titulares, salvo excepción prevista por la ley. Diríjase a CEDRO (Centro Español de Derechos Reprográficos, www.cedro.org) si necesita fotocopiar, escanear o hacer copias digitales de algún fragmento de esta obra.

Sumario

Créditos	4
Brevísima presentación	9
La vida	9
Breve noticia	11
Hamlet	17
Introducción	17
Generalidades	18
Polonio	19
Laertes	23
Claudio	24
Gertrudis	29
Ofelia	32
El Príncipe	38
Exposición. La acción	47
Desarrollo	58
El monólogo	65
Diálogo	67
Desarrollo	70
Desenlace	77
Conclusión	79
Plácido	81
I	82
II	86
III	88
IV	92

V	96
VI	100
VII	103
VIII	104
IX	109
X	112

Carlos Guido Spano	117
I	122
II	125

Guillermo Matta	141
I	142
II	144
III	145
IV	146

Lo que no quiso el lírico quisqueyano	155
I	156

José María Samper	165

Salomé Ureña de Henríquez	173

Libro de Américo Lugo	179
I	179
II	181

La historia de Quisqueya	183
I	183
II	187

El Instituto Nacional de Chile   191

Las leyes de la enseñanza   195
    I   195
    II   198
    III   201
    IV   203

La obra de Lastarria   209
    I   209
    II   212

Temas políticos   225

Cartas críticas   229
    I   229
    II   233

Libros a la carta   239

Brevísima presentación

La vida
Eugenio María de Hostos (1839-1903). Puerto Rico. Nació en Mayagüez en 1839 y murió en Santo Domingo en 1903. Hizo sus estudios primarios en San Juan y el bachillerato en España en la Universidad de Bilbao. Estudió además Leyes en la Universidad Central de Madrid. Siendo estudiante luchó en la prensa y en el Ateneo de Madrid por la autonomía y la libertad de los esclavos de Cuba y de Puerto Rico. Y por entonces publicó La peregrinación de Bayoán novela crítica con el régimen colonial de España en América.
 Entre 1871 a 1874 Hostos viajó por Colombia, Perú, Chile, Argentina y Brasil. En Chile publicó su Juicio crítico de Hamlet, abogó por la instrucción científica de la mujer y formó parte de la Academia de Bellas Letras de Santiago. En Argentina inició el proyecto de la construcción del ferrocarril trasandino.
 En 1874 dirigió con el escritor cubano Enrique Piñeyro la revista América Ilustrada y en 1875, en Puerto Plata de Santo Domingo, dirigió Las Tres Antillas, con la pretensión de fundar una Confederación Antillana.
 Hacia 1879 se estableció en Santo Domingo y allí redactó la Ley de Normales y en 1880 inició la Escuela Normal bajo su dirección. A su vez, dictaba las cátedras de *Derecho Constitucional*, Internacional y Penal y de Economía Política en el Instituto Profesional.
 Tras el cambio de soberanía de Puerto Rico en 1898 pretendió que el gobierno de Estados Unidos permitiera al pue-

blo de Puerto Rico decidir por sí mismo su suerte política en un plebiscito.

Decepcionado volvió a Santo Domingo donde murió en 1903.

Breve noticia

En prenda de gratitud, y como testimonio de rendida veneración a la memoria de DON EUGENIO MARÍA DE HOSTOS, damos a luz varios artículos publicados por él en diferentes revistas, cuando la suerte le brindaba con raros instantes de solaz y esparcimiento. El volumen que los encierra es el primero de la colección de escritores sur-americanos que, por sentimientos también de gratitud a la tierra en donde por primera vez se habló en América la lengua de Castilla, hemos denominado BIBLIOTECA QUISQUEYANA.

Conocidos son la tenacidad y el entusiasmo con que luchó durante toda la vida aquel hombre meritísimo en por de los dos ideales más hermosos del género humano: el de la libertad, que ennoblece y sublima hasta los más bajos instintos, y el de la educación que enseña a servirse de ese precioso don para bien de nuestros semejantes y perfeccionamiento del propio ser. Tampoco son ignoradas las ejemplares virtudes domésticas y patrióticas del fecundo publicista, ni desconocidos sus numerosos y variados estudios científicos y literarios que atestiguan con superabundancia el amor al trabajo y el culto ferviente a la verdad de que no dejó de dar prueba un solo día.

Nada más frecuente desde hace algunos años que las compilaciones de artículos llamados de crítica; pero nada más raro, tampoco, que los juicios hijos de madura reflexión y de verdadero análisis científico en dichas colecciones. Desnudas de originalidad, no obstante los pomposos nombres con que las engalanan sus autores, carecen de atractivo para el lector y por eso es tan precaria como infecunda su existencia. Fruto, por el contrario, de profunda meditación, los escritos de Hostos revisten tendencias docentes de elevado carácter y nobles propósitos, brindan al lector con ideas nuevas desarrolladas con sencillez y claridad, y no ofrecen aquel tono dogmático, regañón o irónico que malamente han dado en la flor de tomar algunos por indicio de capacidad científica.

Si la inteligencia del ilustre hijo de Puerto Rico merece considerarse, ora por las circunstancias y el medio en que se dio a conocer, ora por las dificultades que rodearon su adolescencia y su juventud, como raro don de la naturaleza; nos es grato afirmar que no menos privilegiado fue su corazón, pues si le ornaban la mente variados y profundos conocimientos, estimulaban su actividad generosa y gobernaban su voluntad los más puros y nobles afectos. No se circunscribieron las labores que le ocuparon toda la vida al suelo patrio y a las islas hermanas, sino que abrazando cuanto era americano, con igual ahínco daba a conocer los escritores de la República Argentina, de Chile, de Colombia o de cualquier otra nación suramericana como los propios literatos antillanos. Grande era su corazón para contenerlos a todos, y para no limitarse a defender únicamente con la palabra las causas por que luchaba. Con enérgica y perseverante acción sustento las doctrinas de la educación y de la libertad; por ellas afrontó las persecuciones y vivió y murió en honrosa pobreza.

Antes de que en Europa se hablase de abrir a la mujer las carreras científicas de la medicina y la jurisprudencia, el señor Hostos había persuadido al gobierno chileno de la importancia de esa medida, y las primeras señoritas que tomaron la borla de esas facultades le tributaron públicamente su reconocimiento. Fue también el primero en proclamar la importancia, en la República Argentina, de la construcción del Ferrocarril Trasandino, y así lo conmemoró agradecida la empresa dando el nombre de nuestro pensador a la primera locomotora que recorrió la celebre vía. En la República Dominicana redactó los principales proyectos de ley sobre enseñanza y dirigió durante nueve años la educación publica con éxito felicísimo; y para decirlo todo de una vez, por donde quiera que paso regó la fecunda semilla del bien y abogó por la causa del oprimido sin parar mientes en su origen ni creencias. Baste como ejemplo la campaña que durante permanencia en el Perú emprendió en favor de los chinos contra los despiadados logreros que los esquilmaban, y la manera cómo protegió los intereses de aquella República en el conocido asunto del Ferrocarril de la Oroya que no podemos dejar de referir.

Conociendo cuán poco podían las dádivas para hacer vacilar la honradez de Hostos, recurrió a poner asechanzas al ardoroso entusiasmo con que batallaba por la libertad de Cuba un artero contratista, ofreciéndole contribuir a ella con un millón de pesetas si le prestaba con su pluma el apoyo de que había menester para dar remate a sus negociaciones. A la sola luz de la conveniencia pública examinaba y discutía Hostos en *La Patria* las propuestas presentadas, de suerte que al llegar a la del astuto e insidioso negociante demostró sin vacilación ni flaqueza cuán desfavorable era en realidad a los intereses nacionales por más halagüeña que a primera vista pareciese.

La convicción que le animaba de que el hombre ha de ser un apóstol, en todas las circunstancias y estados de la vida, su incontrastable fe en la obra de la educación, y el sentido culto que profesaba a la mujer, le inspiraron conceptos dignos de los paladines feudales, que con placer verá el lector esparcidos por todas sus obras, y muy particularmente en el estudio profundo que hizo del Hamlet.

«De toda culpa de mujer (dice) es responsable un hombre, por injusto, por inepto o por liviano. De las culpas de mujeres como Gertrudis, es siempre autor un Claudio, por egoísta, por concupiscente o por malvado. La mujer vive del hombre como la Luna del Sol; y así como este da luz al astro que le está subordinado, así el hombre refleja su virtud y su vicio en la mujer. Educada por él es obra suya: obra buena si el autor es bueno; obra mala, si malo.»

Por grandes que fuesen la afición de Hostos a las Bellas Artes y su encariñamiento con los literatos americanos, nunca dejó de hacer presente, sin embargo, la necesidad de poner a raya esa pasión y la urgencia de restringir el campo de los estudios meramente literarios en los países en donde no brilla aún la aurora de la libertad, y allí donde no se han resuelto todavía los principales problemas de la vida nacional.

«Tenemos (dice su estudio sobre la poesía de Guillermo Matta) sobre la influencia de la poesía y de la literatura en la imaginación y el carácter de los latinoamericanos, una opinión que importa resumir en dos palabras. Opinamos que un pueblo de tanta imaginación como el nuestro, y sociedades de carácter tan inseguro todavía como las muestras en toda la América latina, pierden de razón lo que ganan en fantasía, y disipan de sustancia o fondo lo que invierten en forma, con la casi exclusiva educación poética y literaria que reciben.»

«Tales cuales son hasta hoy, ni la poesía ni la literatura son educadoras. El gusto literario y la delicadeza sensitiva que desarrollan, buenos y convenientes en sí mismos como son cuando sirven de complemento a una concienzuda educación de la razón, sirven de obstáculos cuando la antecede y la subyuga o la sucede bruscamente el culto de las formas.»

Don Eugenio María de Hostos vio la luz de esta vida instable el día 11 de enero de 1839, y la de la vida inmortal y perenne el día 11 de agosto de 1903.

Sobre la humilde loza que cubre sus cenizas debería grabarse esta inscripción:

ISTITIAM. DILEXIT. VERITATEM. COLUIT.

Los editores.

Hamlet

Introducción

Vamos a asistir a una revolución. Hamlet es una revolución. Como hay un desarrollo en la naturaleza, hay un desarrollo en el espíritu. La idea es tan evidente, que la concibe el mismo irreflexivo Laertes cuando, en vez de amparar a Ofelia con su amor de hermano la aconseja: For nature, crescent does not grow alone... etc. «Que la naturaleza, al desarrollarse, no se desarrolla solamente en músculos y en órganos; sino que, como crece el templo en que residen, crecen también las funciones de la mente y del espíritu.»

Como hay un progreso colectivo, hay un progreso individual. Y así como el uno se manifiesta por medio de luchas, de dolores, de sacrificios y de sangre; así el otro se manifiesta por medio de luchas, de dolores, de sacrificios y de lágrimas.

Cada progreso es consecuencia de una revolución en una idea o en un afecto de la humanidad. Cada revolución es el conato de un progreso en los afectos o en las ideas de los hombres.

Una sociedad se emancipa o se subyuga, y triunfa o sucumbe el progreso social. Un individuo triunfa o sucumbe y el progreso individual se realiza o se abandona.

Un alma en crisis; un espíritu en progreso, una revolución moral; una lucha interior para hacer triunfar un progreso del ser en el ser mismo; el cataclismo de un alma: ese es el espectáculo más digno que puede ofrecerse a la conciencia humana. Este es el espectáculo que Shakespeare nos ofrece en Hamlet.

Generalidades
Como en todas las obras del delicadísimo psicólogo hay en El príncipe de Dinamarca un atractivo superior al de la fábula: el de los caracteres. Shakespeare no crea una acción para adaptarle personajes; crea hombres, seres humanos, cuyo carácter determinado, positivo, consecuente, origina la acción.

Más de una vez se encuentran personajes ociosos en las tragedias del autor-actor: nunca, por ocioso que sea, deja ese personaje de ser un hombre, un individuo, un carácter, ya personal, ya genérico.

El manso Moratín, que se hizo iracundo para traducir y comentar a Hamlet; y el iracundo Goethe que se hizo manso para resolver ese ya secular problema de arte, creen que hay en Hamlet muchos personajes inútiles, como dice con rabia el académico, que podrían combinarse con otros, como pensaba con temor respetuoso el clásico-romántico de Goetz y de Werther.

Cuando el primero quiere suprimir a los sepultureros, quiere suprimir toda una especie. Cuando el segundo piensa en combinar en una sola personalidad los caracteres de Rosencrantz y Guildenstern, encuentra en ellos tanta fuerza de individualidad, que no se atreve a tocarlos.

Y eso, que Rosencrantz y Guildenstern son meras personificaciones de un vicio: la cortesanía servil. Pero se completan tan admirablemente el uno por el otro, caracteriza tan adecuadamente cada uno de ellos una fisonomía del vicio que el autor zahiere, que la acumulación de esos dos caracteres en uno solo falsearía el defecto criticado. No todos los accidentes y pormenores de un vicio o un defecto moral caben en un solo hombre, porque el hombre modifica sus defectos y sus vicios según su modo individual de ser. Por perfecto que sea un hombre en su defecto o en su vicio dominante, el vicio o el defecto no forman todo el hombre. Al lado de la parte mala está la buena, y, desdichadamente, al lado de un vicio ridículo, está muchas veces el vicio repugnante o criminal.

Polonio

Tan perspicazmente había Shakespeare analizado el corazón del hombre y penetrado en las sinuosidades del espíritu, que, no contento con bosquejar en el carácter de Rosencrantz y de Guildenstern dos aspectos del servilismo palaciego, modificados por la reserva del uno y por la intemperancia del otro, dibuja en Polonio una forma menos sencilla, más compleja, más varia, menos genérica, más personal, más caprichosa, no por eso menos real, del mismo vicio. Los críticos de Hamlet pasan desdeñosamente por delante de Polonio. Lo contemplan, lo comparan rápidamente con el tipo, desdichadamente inmortal, del adulador familiar del poderoso, se sonríen, se encogen de hombros, y, exclamando: «¡Hay tantos como ese!» pasan. Hacen mal: Polonio es una personificación ridícula de la más ridícula de las adulaciones, la inofensiva; pero, también, es un carácter.

Polonio es un buen hombre que hubiera podido ser un hombre bueno. En esta sencilla oposición hay lo bastante para hacer de ese no carácter, un carácter interesante: de ese ente ridículo un ser patético. Es un loco de la realidad. Guiándose por ella en razón de su experiencia; violándola en razón de su candor, predica lo bueno que ella enseña, y no lo hace: hace lo malo que ella inspira. Honrado y digno por instinto, es indigno por conveniencia. Sencillo en su doblez, candoroso en su malicia, ingenuo en su fatuidad, es sincero en su adulación. La adulación es su *modus vivendi*, el modo de su vida. Expresión de debilidad, no de maldad, su adulación es cariñosa, benévola, optimista. Adula porque se conoce débil; no para ser fuerte, sino para ser querido; no para esclavizar al adulado, sino para mejor servirle, para amarlo más; para obtener un derecho, no un arma. Cuando habla con Claudio y con Gertrudis, en cada lisonja del palaciego palpita el adicto corazón del servidor leal. Cuando asiente a los aparentes despropósitos de Hamlet y se asombra al descubrir en ellos más cordura, más donaire, más luz de razón que en muchas afirmaciones sentenciosas de los cuerdos, hay en su asombro una ternura y una bondad que enternecen: se ve que acoge con alegría toda ocasión en que pueda esperar la salud de aquella mente enferma y querida. Si hubiera leído a Séneca, comentaría cada extravío mental de su príncipe, diciendo, para engañarse, para tener el placer de seguir esperando en su salud: «Nullum magnum ingenium nisi mixtura dementiæ»: «No hay gran ingenio que no tenga alguna partícula de loco.» Importuna, inquieta a Hamlet; pero lo hace por secundar los que supone buenos propósitos del rey. Mientras los espías de éste violan lo sagrado de la antigua amistad que los une a Hamlet y solo por adular a Claudio y solo por hacerse de indigna adulación un poder indigno, espían y ponen asechanzas al loco que creen cuerdo. Polonio, que celebra y admira los momentos lúcidos del loco, no lo vigila para sorprender en él la ficción que esconde un peligro, sino para poder asegurar que es inofensiva su locura. De todos los actores de la escena, él y su hija son los únicos que creen en la demencia de Hamlet. Y como coinciden en la creencia, coinciden en la causa que le atribuyen. El padre dice: «That he is mad, 't is true; 't is true, 't is pity—; And pity 't is 't is true»: «que está loco, es cierto; que es cierto, es lástima, y es lástima que sea cierto.» La hija interrogada por el padre, a esta pregunta: «¿Loco de amor por ti?» responde: «I do fear it»: «lo temo».

Acaso no hay en toda la tragedia una coincidencia más patética que esa: los seres que compadecen al que creen loco, son las dos víctimas predestinadas de su cordura horrenda: los dos más inocentes de la enfermedad de su razón, los dos a quienes castiga y mata con perfecta lucidez.

Ellos lo lloran extraviado, y lo perdonan anticipadamente. «¡Me han muerto!» «I am slain», es la única queja que exhala el viejo infortunado. No quejándose, es dos veces consecuente. Es su príncipe quien lo mata, y él es siervo voluntario de sus príncipes: es el pobre demente, y no lo acusa.

En frente de estos caracteres, el de Horacio; al lado de los adictos al poder, el adicto al hombre.

Es el tipo de la amistad sin condiciones. No las impone al amigo para quererlo, no se las impone a sí mismo para estimarlo.

Es un corazón lleno de dádivas. Da sin exigir. Quiere a Hamlet, porque es un hombre amable, digno de ser amado, no porque es poderoso, no por ser príncipe, no por ser superior en jerarquía.

Está unido a él por una religión que así hace devotos a los pueblos como a los individuos; la religión de los recuerdos. Fue su amigo porque fue su condiscípulo; es su inseparable porque fue compañero de su adolescencia; y como fue confidente de sus secretos juveniles, es confidente de la pesadumbre secreta que pesa en su conciencia.

Para su amistad no hay tiempo, no hay mudanza en el tiempo. El mismo Hamlet, que estudiaba, paroalaba, traveseaba, enamoraba y se formaba con él en Witemberg, es el que hoy le hace confidencias formidables.

El deber de quererlo que se impuso entonces, persevera ahora. Horacio no sabe que hay una gradación en los afectos: no sabe que un grado es el cariño y que la estimación es otro grado. Cariño ciego, movimiento espontáneo del corazón el que lo mueve, sabe que quiere a Hamlet, no sabe por qué lo quiere. Ni un átomo de interés en su cariño. Viene a Elsinor para tomar parte en las fiestas de la boda, para tributar un homenaje de respeto a sus reyes; y se aleja de las fiestas por acompañar a su amigo en sus aventuras tenebrosas; y se aleja de los reyes por hacerse parcial del príncipe, acusado de proyectos ambiciosos. Allí donde está Hamlet, allí él. Donde Hamlet no está, tampoco Horacio. Es digno de la confianza que inspira, y el alma suspicaz que de todos desconfía confía en él. Para cumplir el tremendo juramento de *acordarse siempre*, el príncipe emplea tres medios: su locura fingida, la representación de la escena que recuerda los crímenes de Claudio, y la vuelta inesperada de Inglaterra. El único a quien Hamlet confía sus proyectos; el único que sabe por él la ficción que hay en la representación, el castigo que anuncia la vuelta de Inglaterra, —es Horacio.

Este carácter, en sí mismo interesante, adquiere por contraste un interés vehemente. Si por sí mismo representa aquel amable abandono de los afectos que no juzgan ni razonan, aquellas naturalezas afectivas que concentran en un sentimiento cuantos aspectos tiene la existencia, que deben a esa reducción de la existencia el optimismo espontáneo que practican —Horacio representa por contraste el interés moral de la acción a que concurre—. Es la luz del cuadro en que son la sombra Rosencrantz y Guildenstern; es afirmación de la tesis artística en que es negación el mismo Hamlet. Contrasta con la perversidad interesada de aquellos, por la bondad desinteresada de su afecto. Contrasta con Hamlet, que hace el mal queriendo el bien, por el bien que practica sin buscarlo. En tanto que él, oscura, pasiva, humildemente, hace el bien de confortar con su lealtad el alma atormentada del príncipe, éste no retrocede ante la sentencia que con impasible rigidez pronuncia su conciencia: «*I must be cruel, only to be kind*: Tengo que ser cruel para ser bueno.» (Acto IIIe, escena IV.)

Cuando Goethe retrataba en tres palabras «al sencillo, noble y excelente Horacio», contribuía a explicar el efecto que produce al espectador o al lector de la tragedia la influencia de esa naturaleza generosa. Por la sencillez de su corazón, cautiva; por la nobleza de su conducta, se reconcilia con los innobles en la suya; por la excelencia de su carácter, moraliza. En la vida de la escena como en la vida del mundo, basta eso. Cuando podemos señalar un alma sana entre mil corrompidas por la pasión y el interés, «el mundo no es tan malo —nos decimos— pues que al lado de las deformidades corrompidas, está la forma incorruptible.»

Laertes

Los contrastes de Shakespeare no son antítesis. Shakespeare sabe que el arte no demuestra, y conoce demasiado íntimamente la existencia humana, para agrupar en la escena caracteres antitéticos, que nunca o casi nunca se encuentran en la realidad. Por eso, al presentar en Laertes el opuesto correlativo de Hamlet, no busca el contraste en oposiciones radicales ni mantiene esa oposición en choque continuo, ni personifica en el uno una virtud, el vicio contrario en el otro. Los personajes de Shakespeare son hombres, y hombres dignos generalmente de Terencio. Se creen capaces del bien y del mal que hacen los hombres, y por eso se salen de la escena para vivir en la vida que vivimos. Si la cualidad o el defecto que los caracteriza, que constituye su personalidad moral, contrasta con otras cualidades o defectos de los demás con quienes contribuyen a la acción, ni es el contraste el que les da carácter, ni consiste su carácter en la oposición en que está con su contrario, Laertes es un joven, en el sentido histórico de la palabra; frívolo, irreflexivo, apasionado, sin otro designio en su existencia que la existencia misma. Fácil de juicio como todos sus iguales, juzga a los demás según sus faltas: él las comete, luego todos las cometen. De aquí su experiencia pesimista. Tiene por su hermana aquel cariño descuidado que piensa menos en lo amado que en sí mismo; y cuando sabe que Ofelia puede amar a Hamlet, que Hamlet ama a Ofelia, duda de la rectitud del hombre porque no tiene fe en la propia; duda de la fortaleza de la mujer, porque no hay mujer fuerte para hombre débil. Aconseja a su hermana, y hay un sano interés en su consejo; pero hay más egoísmo que interés. En vez de aconsejarla, debería ampararla; pero en vez de ampararla, la abandona a sí misma y retorna a la ciudad de los placeres. Es hombre que no puede detenerse: resuelve y hace; hace más que resuelve. Un error, una preocupación, una pasión, un interés lo incitan, y allá va. Hoy lo llama el placer, y desampara a los suyos. Mañana lo llamará el dolor, y vendrá a vengar a su padre y a su hermana contra los ofensores que no sabe quiénes son; a amotinar el pueblo contra el rey, porque lo cree culpable; a combinar con él una cobardía criminal, porque él le facilita la venganza. Tiene todos los vicios y las cualidades de un hombre de acción, y por eso contrasta con Hamlet, hombre de reflexión. Tiene todos los ímpetus de la voluntad, y por eso hace tanto y tan malo en tan poco momento y en tan poco espacio. No retrocede ante el peligro, y es valiente. No retrocede ante el crimen, y es cobarde.

Claudio

Ese mismo carácter en el grado final del desarrollo, es Claudio. Claudio es un malvado que no es malo. Quedan dos móviles en su ser que demuestran los gérmenes no desarrollados del bien que hubo en su alma: el remordimiento y el amor. Ama a Gertrudis, su mujer, a pesar de ser ella uno de los móviles del crimen que rumia su conciencia; y por huir del remordimiento del primer crimen, medita otro. Si lo hubieran dejado reinar y amar en paz, hubiera sido un buen rey y un buen esposo. Si Laertes no hubiera encontrado en su senda de placer la árida necesidad de una venganza, hubiera sido un caballero. De esas voluntades instintivas está llena la vida. Esos son los héroes que los idólatras admiran en la historia. La crítica complaciente los absuelve, y Suetonio admira a Augusto, y Valerio ensalza a Tiberio, y Thiers deifica a Napoleón I, y la Europa se postra admirada ante el tercero. Del malvado no malo de Shakespeare a esos buenos no buenos de la historia, no hay más diferencia que la del fin. El malvado de la tragedia comete el crimen por ocupar el solio y el tálamo, en tanto que esos héroes ocupan el solio para pisotear desde él a media humanidad.

Claudio era un ambicioso: ambicionaba el reino y la mujer del rey su hermano. Fue necesario un crimen, y lo cometió. El crimen consumada es un estado, como la incapacidad de cometerlo constituye el estado de inocencia. Como éste sus virtudes, tiene aquél sus vicios necesarios. De ahí la hipocresía, la suspicacia, la doblez y la impasibilidad de juicio que demuestra Claudio. Atribuye a motivos de razón, de prudencia y de política, los crímenes que ha cometido y que se dispone a cometer. Odia a Hamlet, porque sospecha que Hamlet ha penetrado en su conciencia. Mientras más lo odia, más lo acaricia. Es el único que por inducción conoce a su enemigo, y vive en guardia; es el único que tiene conciencia del estado moral de Hamlet, y no se deja alucinar por las locuras de éste, por los informes de los otros, por la piedad de algunos, por la inquietud de todos. Si el bueno de Polonio, después de decirle que Hamlet está loco de amor por su hija Ofelia, lo lleva a esconderse para oír el diálogo de los dos enamorados, el criminal sombrío no se equivoca: «¡Amor! —dice— no van por ese camino sus afectos... algo hay en su espíritu que su melancolía está incubando. De esa incubación saldrá un peligro.» Es necesario prevenir ese peligro, e inmediatamente se decide a prevenirlo. Cuando el malvado del 2 de diciembre y del 4 de Setiembre decía que el mundo es de los linfáticos, decía una cínica verdad. El mundo es de los linfáticos, porque esa trama de relaciones e intereses que llamamos mundo, solo es penetrable para los que fría, impasible, escépticamente, convierten en norma de conducta las mezquindades y las pasioncillas de los hombres; para los que, al contrario, tienen por axioma de vida la dignidad nativa y la bondad original del ser humano, la trama es impenetrable. Los primeros hacen víctimas de su egoísmo, del pesimismo de su juicio, de la rapidez de su voluntad depravada, al mundo de que se ríen. Los segundos son víctimas del mundo de que se compadecen.

Los llamados hombres de acción, en cuyo número colocó Shakespeare a Claudio, pertenecen a la categoría de los linfáticos. Y no porque la linfa predomine más que la sangre en su organismo, sino porque predomina más la voluntad que la razón en su conciencia.

La voluntad es una facultad esencialmente perversa.

Tal vez, al instituir una personificación suprema del mal en frente de la suprema personificación del bien, no han querido otra cosa las religiones positivas que consagrar en los trastornos de la naturaleza y del espíritu, de la sociedad y de la ley universal, la omnipotencia de la voluntad predominante para el mal. En este gobierno interior de cada hombre que llamamos alma, hay fenómenos idénticos al gobierno de las sociedades. En éstas, el predominio del poder ejecutivo determina infaliblemente el despotismo; el despotismo es un trastorno de las leyes de la sociedad. La voluntad es el ejecutivo del espíritu: subordinado a la razón y al sentimiento, produce el bien; desligado del sentimiento y de la razón, produce el mal.

Una grande actividad de pasiones, aguijoneada por una voluntad, eso es el crimen. Los unos lo cometen en sí mismos: son suicidas. Los otros lo cometen en su hermano, en su deudo, en su amigo, y tienen cien nombres en los códigos penales. Los otros lo cometen en un pueblo, y son tiranos, déspotas o autócratas. Los otros lo cometen en la humanidad, y los llaman conquistadores, héroes, semidioses.

Son meras combinaciones de la misma voluntad, con diferentes circunstancias. Cesar hubiera sido suicida si no hubiera pasado el Rubicón. Nerón hubiera sido incendiario, si no hubiera sido emperador. Tropmann hubiera sido un estratégico famoso, si no hubiera sido un obrero. Cualquier soldado español, hambriento de oro, fue conquistador en el siglo XVI. Todos los hombres son buenos cuando no están colocados delante de una pasión o un interés. Todos los hombres son malos cuando, colocados delante de una pasión o un interés, solo tienen voluntad para saciarlos.

Voluntad implacable para saciar su ambición tiene Claudio, el personaje criminal de Shakespeare, y al columbrar un peligro para él en la situación moral de Hamlet, se dispuso inmediatamente a prevenirlo. Con un poco de sensibilidad, lo hubiera prevenido sin dañar a Hamlet. Con un poco de razón, lo hubiera prevenido haciéndose a sí mismo un beneficio. Pero era la voluntad quien decidía, y decidió otro crimen.

Aquí, lo mismo en la tragedia que en la vida, lo mismo en el teatro que en la historia, empieza la segunda fase de este carácter. Triunfante por su primera violencia o su primer crimen, el hombre de acción no se detiene. Creerá necesaria otra violencia, y la cometerá. Creerá necesarios otros crímenes, y los consumará. Si los remordimientos o el desarrollo de la razón, lo detuvieren ¡væ victis! ¡ay de él! el mundo se le cerrará, por más que los cielos se le abran.

Claudio, como todos los hombres de su especie, tiene ese instinto. Sabe que con la primera vacilación comienza la impotencia, y no vacilará. Antes de convencerse del peligro que para él había en la tenebrosa taciturnidad de Hamlet, bastaba una satirilla de Polonio contra la hipocresía, para que el rey la recibiera en la conciencia como un dardo, y exhalando una queja, prorrumpiera: *How smart. A lash that speech doth give my conscience!... O Heavy burden!*»

Sí, es una carga pesada la conciencia, y es necesario arrojarla, y triunfar; o soportarla, y sucumbir para las grandes delicias de la ambición y del poder.

Después de conocido el peligro que lo amenaza en Hamlet, ya no oye Claudio a su conciencia. Quiere, en un momento de congoja, sobornarla por medio de la oración, y averigua con ira y con despecho que la conciencia es insobornable. (Mis palabras se elevan hasta el cielo, mis designios se quedan en la tierra.)

¿Cómo no, malvada voluntad, si esa es la pena de tu culpa?

La oración de la conciencia es la virtud, y la expiación de la maldad es su impotencia para hacer el bien.

En este momento, el carácter adquiere una tremenda intensidad trágica, y es imposible seguirlo en su desarrollo, sin apiadarse íntimamente, sin anhelar para él un momento de tregua consagrado al bien.

No es posible la tregua, y Shakespeare, obedeciendo a la lógica implacable, lo obliga a desarrollarse en toda su extensión.

Así en la vida: cuando fatigada del mal, la voluntad predominante intenta detenerse en las fruiciones del puro sentimiento y devolver su iniciativa usurpada a la razón: ya se ha corrompido el sentimiento; ya no tiene iniciativa la razón. Mal es la acción de la voluntad no razonada. Un malvado es una voluntad abandonada a sí misma. En ese abandono hay luchas y dolores y catástrofes. Shakespeare, que los describe minuciosamente en Macbeth y en lady Macbeth, los bosqueja en Claudio.

Gertrudis

Todo hombre se ha encontrado una vez, o más de una, delante del problema que el más humano de los poetas ha expuesto en el carácter de Gertrudis.

Gertrudis es la mujer sensual. Ama con los sentidos, conoce por medio de los sentidos, obedece en su acción a los sentidos. Si no tuviera los instintos delicados de la mujer, solo tendría los instintos animales de la hembra. Solo tendría sensualidad en el corazón, si no tuviera sensibilidad en el espíritu. Tiene la imaginación suficiente para dar calor y color a sus deseos, y por eso los eleva hasta el afecto. No tiene fuerza suficiente de razón para convertir en afectos todos sus deseos, y por eso es inconstante en sus afectos.

Es hija inmediata de la naturaleza, y vive para la felicidad. La felicidad es su derecho, y como no le han enseñado que hay deberes correlativos de ese derecho, que todo derecho se completa y se realiza por su deber correlativo, no supone ni sospecha que el querer ser feliz pueda llegar a ser un mal. Y hace, sin saberlo, sin quererlo, sin sentirlo, males que no dejaría de llorar si llegara a tener conciencia de ellos.

De toda culpa de mujer es responsable un hombre, por injusto, por inepto o por liviano. De las culpas de mujeres como Gertrudis, es siempre autor un Claudio, por egoísta, por concupiscente o por malvado. La mujer vive del hombre, como la Luna del Sol: y así como éste da luz al astro que le está subordinado, así el hombre refleja su virtud y su vicio en la mujer. Educada por él, es obra suya. Obra buena, si el autor es bueno; obra mala si malo.

Por mucho que Hamlet pondere a su padre el rey difunto, no pasaba su padre de ser un hombre de guerra. A su lado, su hermano. Siempre o con frecuencia ausente el rey Hamlet, su mujer no tenía otro consejero, otro guía, otro educador que su cuñado Claudio, ni otra escuela que la adulación y la lisonja de sus cortesanos.

Su voluntad era mandato cumplido; su capricho era obra realizada. Satisfecha de su vida, era feliz. No tenía nada más que pedir a los otros ni a sí misma.

Muere el rey su esposo, y la felicidad se enluta. Con la mano que le ofrece, Claudio le devuelve su jerarquía y su felicidad. Amaba a su primer esposo ¿por qué no ha de amar a su segundo?

Ninguna incompatibilidad, para ella, en ese afecto. Amar a un hermano después de haber amado al otro no es un crimen; antes es una prueba póstuma de amor al que se amó primero; es seguir amándolo en su carne y en su sangre.

Ella no sabe que su Hamlet murió envenenado; y como dice con perfecta ingenuidad a su hijo, «el que vive debe morir». Ella no sabe que su antes cuñado y ahora esposo es el autor de su viudez, y como el haber salido de ese infeliz estado a él lo debe, le paga con amor su beneficio. Cierto es que un solo mes entre el llanto tributado al primero y las caricias concedidas al segundo marido, es poco tiempo; cierto que, como dice amargamente el príncipe su hijo, «las viandas del duelo sirvieron para las bodas»; mas a parte de que, como él mismo dice: «*Thrif, trift, Horatio*» esa era una prueba de frugalidad y economía, es también una prueba de la inocencia, de la irresponsabilidad y de la inconsciente sensualidad de Gertrudis. Muy convencido de esto debía estar el difunto, cuando, al aparecerse a su hijo, con el deber de vengarlo, le impone el de no culpar a su madre.

Es madre, ama como las madres, tiene la segunda vista de las madres, y es la primera que descubre en el alma de su hijo uno de los dolores que le aquejan.

Cuando delibera con Claudio y con Polonio sobre el estado de Hamlet, se niega a toda conjetura, y dice con toda la seguridad de su instinto: «La muerte de su padre, y nuestro acelerado casamiento», eso es lo que le enferma.

¿Y cómo, amando a su hijo, no previó el efecto que había de producir en su alma delicada aquel rápido olvido de su padre? Eso es lo que no cesa de preguntarse tristemente la pobre madre, y lo que nunca logrará responderse, porque no sabe que, al obrar de un modo indecoroso, pero no criminal, obedecía a su naturaleza, nunca dirigida y siempre estimulada por la educación de la costumbre. Buena en cuanto madre, sin conciencia moral en cuanto hembra, la madre va a iluminar a la hembra, y va a producirse una mujer. Esa hembra sin pudor, esa mujer sensual sin afectos delicados, que por falta de pudor ofende la memoria de su esposo y por falta de delicadeza de sentimiento ha causado el infortunio de su único amor digno, de su hijo, va en el desarrollo de la acción a elevarse lentamente a la concepción de la dignidad de mujer; a la idea de la responsabilidad por el remordimiento, que las hembras no conocen; al conocimiento de un mal, hecho sin intención de mal, a las delicadas ternuras de su sexo, a las santas revelaciones del amor del alma. Esa mujer sensual, que empieza repugnando, concluirá enterneciendo; y cuando, después de verla despojarse lentamente de su apariencia sensual, la veamos siguiendo siempre con ojo maternal a su hijo; amándole en Ofelia; concibiendo en el amor de entrambos una felicidad tan diferente de la suya; abriendo los ojos de la conciencia a una falla cometida sin conciencia; llorando la muerte de Ofelia con el propio corazón y el de su hijo; esparciendo flores delicadas sobre la tumba de la criatura sensitiva, que una sola ráfaga de adversidad aniquiló; enjugando con su pañuelo el sudor de la frente de su hijo, segura de su triunfo como toda madre lo está del triunfo de los suyos, y exclamando al morir la exclamación suprema: *O my dear Hamlet!* «¡Oh mi querido hijo!» como si en esa exclamación estuviera a un mismo tiempo el perdón de sus faltas, la redención de sus culpas, la rehabilitación de la hembra por la madre, la victoria de la mujer sobre la hembra, volveremos los ojos a la vida real, y en cada semejante de Gertrudis que encontremos, veremos lo que, con la piedad de los grandes de espíritu, vio Shakespeare: un mármol que pulir; un corazón que inflamar; un alma que iluminar.

Ofelia

El traductor inglés de *Wilhelm Meister* traduce de este modo la comparación en que Goethe resume su juicio sobre Hamlet: *An oak tree is planted in a costly vase, which should only have borne beautiful flowers in its bosom: the roots expand, and the vase is shattered.*

«Plantan una encina en un florero, que solo hubiera podido contener flores delicadas: las raíces se extienden, y se hace pedazos el florero.»

Ese no es Hamlet; es Ofelia: un corazón de cristal, que un choque rompe.

El autor de *Wilhelm Meister*, que cometió la irreverencia de pasar de largo por delante de esta delicadísima creación, no supo admirar en ella lo más admirable que ella tiene: su divina vaguedad.

En las noches sombrías de esos radiantes cielos del Pacífico, cuando apenas se atreven a fulgurar las estrellas más vecinas, inopinadamente rasga los vapores de la atmósfera una luz que brilla, se desliza y muere; es una exhalación, un meteoro luminoso, una estrella fugaz: no por haber durado poco, ha dejado de iluminar el firmamento.

Así Ofelia en *Hamlet*. Es una estrella fugaz en el cielo de la tragedia. Apenas aparece, desaparece; brilla para desvanecerse. Son sus formas tan vagas, que nos parecen impalpables; es su influencia tan rápida, que nos parece nula. Y, sin embargo, no hay expresión de su rostro, palabra de sus labios, ademán de sus manos, quejido de su corazón, lamento de su alma, que no quede grabado en nuestro espíritu, que no guarde con cuidado el corazón, que no se complazca en representar la fantasía. Ha caído la estrella fugitiva, y aún divisan los ojos su estela luminosa.

Quien haya visto a la angelical criatura oyendo los consejos de su hermano, sometiendo su amor al mandato de su padre, narrando la aparición inesperada de su amado, fomentando su amor por su piedad, su piedad por su amor, desgarrando su delicado corazón al oír las amorosas brutalidades de su amante, lanzando su espíritu de luz en las tinieblas del caótico amor que la enajena, cayendo de la cumbre de todas las esperanzas al abismo de la locura inesperada, cantando canciones disonantes y esparciendo flores expresivas, precipitándose en el agua, como en la vida, sin conciencia del riesgo que corría; abandonándose a la corriente como se abandonó a su amor, sin saber que se abandonaba a la vorágine; quien la haya visto vivir un momento, sufrir tanto, morir tan pronto, alejándose agua abajo con la luz de su sonrisa en los labios, como se aleja cielo abajo la luz de las estrellas fugitivas —árido será de corazón y de conciencia, si no se queja como ella en el único momento en que se queja—: *To have seen what I have seen, see what I see!* «¡Haber visto lo que he visto, ver lo que veo!». Árido será de corazón y de conciencia, porque hay un Hamlet en el fondo de todo corazón humano; y en la oscuridad de la conciencia de ese Hamlet, hay siempre el centelleo de una luz que no supo recoger. La luz murió o pasó; pero su estela queda, y jamás, aun cuando la luz de la justicia ilumine la oscuridad de esa conciencia, volverá aquella sonrisa del cielo a inundar con sus delicias la existencia.

El primer amor, el amor único, es la forma primera de la felicidad, quizá la única; forma vaga, impalpable, fugitiva, como Ofelia. Como Ofelia, momentánea en la vida, eterna en la memoria de la fantasía y del corazón. Como Ofelia, una súplica en vida, un remordimiento en muerte. Como Ofelia, espuma que se desvanece en el torrente. Como Ofelia, un cielo que se ofrece y se desdeña.

Nunca ha producido el arte una creación más pura, ni divinizado una realidad más humana, ni concebido una verdad más esplendente.

El arte no demuestra; pero el arte presiente. Y es lícito pensar que Shakespeare, al dar vida mental a la divina hechura de su alma, presintió que en ella fundía para siempre las eternas aspiraciones del sentimiento en todos los climas, en todas las edades, en todos los caracteres de los hombres.

¿A qué aspira el sentimiento, a qué aspiran todos los seres racionales en el período del sentimiento? A realizar el sueño dorado de la vida.

Y ¿qué le piden? Cuanto tiene Ofelia: dulzura, sencillez, candor, sinceridad, delicadeza en los sentimientos y en los actos, inocencia en todos sus deseos y pensamientos, capacidad para todos los afectos, desde el razonador con el hermano hasta el sumiso y humilde con el padre; desde el que tiembla en presencia del amante hasta el que hace temblar en su delirio.

Y cuando se ha realizado lo exigido y el ímpetu de esa enajenación de la ventura traspone la realidad, y se establece una lucha entre lo ideal y lo real, que está al lado y está lejos, y triunfa lo real, como es bueno que triunfe y necesario, entonces se exige al ideal que se evapore, se lucha contra él por importuno, se le mancha con el fango de la duda, se le escarnece con el escarnio de las realidades impuras, se reniega de él tres veces; y si por acaso llega el momento de razón excelsa en que se ve que no había incompatibilidad entre lo real y lo ideal, ya no queda de éste más que el recuerdo placentero y congojoso a un mismo tiempo, el aguijón de infinito que ha dejado clavado en el cerebro, el ansia insaciable que devora para siempre el sentimiento.

Eso es Ofelia para Hamlet: el ideal del sentimiento, opuesto a la realidad de la razón.

La lucha de Hamlet para aborrecer lo que ama, para escarnecer lo que idolatra, para enfangar en el fango de la realidad —en que de pronto se sumerge— la divina pureza de su ídolo, es la lucha que sostiene todo ser fuerte. El dolor, el martirio, la agonía de Ofelia; dolor, martirio y agonía de todos los seres delicados.

Ofelia no es un carácter, ni en el sentido ético ni en el estético. No, desde el punto de vista de la ética, porque es un ser sin responsabilidad; es demasiado inocente para conocer el mal y demasiado delicada para resistirlo. No, desde el punto de vista de la estética, porque el conjunto de cualidades que la constituyen y el conjunto de circunstancias que la cercan, no producen choque ni combate, victoria o vencimiento. Ama —esa es su existencia y es su historia—. Por amor a su padre y a su amado, pierde su razón en la primer contrariedad. ¿Hubiera resistido al dolor de la muerte de su padre si, menos sencilla e inocente, hubiera sido capaz de comprender el congojoso amor de Hamlet? Aquí hubiera empezado su carácter, porque habría empezado la determinación de su voluntad a un fin prefijo. Pero aquí hubiera concluido Ofelia. Ofelia en lucha, en combate, en formación moral, en crecimiento de espíritu, en modificación de sus cualidades originales por la experiencia y el dolor, por la pasión y la contrariedad, hubiera sido un carácter, una mujer, una heroína; pero no hubiera sido Ofelia. El encanto, la delicia, la armonía de esa dulcísima creación consiste en que realiza e individualiza aquel estado del espíritu humano, lleno de tinieblas luminosas, de luz difusa, de vaguedad deleitosa, de penumbras intelectuales y morales, de celestial claro-oscuro, de dudas y de fe, de ciegas esperanzas y de tímida desconfianza en que yace el sentimiento al contemplar la armonía de la vida, al creerla creada para él, al sumergirse con fruición en ella, criatura y creador de su ventura. Sobreviene una disonancia, el sentimiento se recoge, y no vuelve jamás a gozar ni en la tierra ni en el cielo de aquella armonía de la felicidad, de aquella felicidad de la armonía.

Este estado se llama amor, y es un estado tan universal como efímero. Todos los seres de razón lo experimentan, porque todos los seres de razón tienen la facultad de sentir, de estimar, de amar lo bello, y el derecho (si saben ejercerlo) de ser felices, realizando su sentimiento de lo bello en el amor.

Esa universalidad del sentimiento con sus caracteres precisos de inconsciencia, vaguedad, fugacidad, jamás se ha expresado, jamás se expresará probablemente con tanta verdad, con tanta realidad, como lo expresa Ofelia. Llenas están de amores la vida, la historia, la escena y la novela. De ese amor único, el más universal porque abarca toda una facultad del ser humano en el primer impulso de esa facultad, hay algunos ejemplos en la vida y en la historia: en el arte, solo tiene una expresión, y esa es Ofelia.

Los que la han visto vivir como ha vivido, en la perfecta sinceridad de su inocencia; enloquecer como ha enloquecido, «embelleciendo la aflicción, el dolor y el mismo infierno», según dice su hermano; morir como ha muerto, pasando «de su melodioso canto a su *turbia* muerte» (*from her melodious lay to MUDDY death*), según dice Gertrudis; los que la han visto con tan púdico laconismo declarar su amor, defenderlo con tanto candor contra la duda, posponerlo a su dignidad y su recato en el venturoso momento de tener a sus pies a su amado, se sumergen en conjeturas calumniosas al oírle cantar en su locura la provocativa cantinela de San Valentín, y dudan de su pureza virginal. Esa duda es la prueba más completa de la perfección de ese ideal. Dudan, porque toda perfección, así real como ideal, provoca dudas. En vez de dudar, admirarán, cuando recuerden que la locura es una enfermedad del cerebelo, que es el núcleo del sistema neuroespinal; que las sensaciones producidas por la demencia en esos órganos se transmiten a los más simpáticos con ellos; que esa transmisión y esa simpatía puramente orgánicas no pueden ocultarse o dominarse cuando ha muerto el dominador de las sensaciones, la razón; y que si coincide en la demencia la sensación con el recuerdo, no es el recuerdo el que determina la sensación, no es ésta un recuerdo de la realidad.

Y si, restituida a la absoluta integridad de su belleza moral y corporal, Ofelia es más bella y más pura que fue antes, porque ya no es un sueño creado por la fantasía, sino una realidad viviente, un ser de carne y hueso, con funciones y órganos que para nada obstan a la sublime realidad de su pureza, a la sublime idealidad de su belleza.

Era un florero quebradizo: plantaron una encina en vez de plantar una violeta, y se quebró.

Era un corazón de cristal: en vez de someterlo a la dulce temperatura del amor, lo sometieron a la presión de las pasiones, y estalló.

El Príncipe
Núcleo de todos esos caracteres —como lo es de la acción— los sentimientos, los pensamientos, los juicios, la lucha, los actos del príncipe de Dinamarca constituyen el objetivo supremo, la unidad esencial de esta tragedia. Para comprenderla, es necesario comprenderlo. Para comprenderle, es necesario estudiarlo, no tanto en las circunstancias en que el poeta lo presenta, cuanto en la realidad de donde lo ha tornado, en la observación inicial que lo ha creado.

Si Hamlet no fuera hijo de la realidad, sería un aborto de la idealidad enferma; si no fuera expresión estética de una verdad de observación, sería una monstruosidad repulsiva. Si fuera un aborto, hubiera muerto; si fuera una monstruosidad, repugnaría. No ha muerto, no repugna: luego, tiene un fundamento de existencia; luego, contiene un interés humano.

¿Qué interés? el más humano: el que, para el bien colectivo, resulta del progreso del ser en el ser mismo.

Shakespeare había observado (y la intención psicológica de todas sus creaciones lo demuestra) que todos los conflictos de los seres racionales en la vida tienen un carácter individual, una causa íntima, un motivo subjetivo, como diría un filósofo del arte o del espíritu. Relacionar ese motivo interno de acción con las solicitaciones externas de la vida; explicar lo externo por lo interno; los elementos de la realidad difusa en la existencia por el desenvolvimiento de la verdad confusa en el espíritu —ese fue el empeño de su genio—. Una cronología de sus obras sería una prueba; y si de esa cronología resultara esta gradación: *Cordelia, Julieta, Desdémona, Gertrudis, El rey Lear, Romeo, Otelo, Hamlet* —en esa gradación constarían los esfuerzos del poeta por elevarse sucesivamente al concepto primario que lo inspira.

Ese concepto es la influencia que tiene la vida moral en la normal: cada ser, en su adversidad o su fortuna; toda idea, en el concepto de la vida; todo sentimiento, en la alegría o el dolor; todo acto, en la calma o la tempestad de nuestro ser; todo desarrollo del alma, en la pureza o impureza de nuestras relaciones con los hombres; todo aumento de potencia afectiva, moral o intelectual, en la impotencia o en la omnipotencia de la vida realizada.

Desde este punto de vista, Hamlet es un momento del espíritu humano, y todo hombre es Hamlet en un momento de su vida. Hamlet es el período de transición de un estado a otro estado del espíritu: del estado de sentimiento al de razón; de la idealidad a la realidad; de la inconsciencia a la conciencia del vivir.

El ser humano comienza a vivir por los sentidos, duplica su vida por el sentimiento, aumenta la intensidad de la vida por la fantasía. Siente que vive, imagina su vivir como lo siente, y es feliz. La vida sería una explosión de alegría, si el ser humano pudiera detenerse en ese estado. Pero no puede, porque la unidad del espíritu es compleja y cada ser se realiza según la mayor o menor intensidad de algunas de sus facultades.

Esta diferencia de intensidad en las facultades individuales constituye la realidad, y esta realidad crea una lucha. Esa lucha es, para unos, un momento en el reloj; para otros, un período completo en su existencia; para algunos, una eternidad en su conciencia. Tomar posesión de la realidad, ese es el resultado de la lucha. Los pobres de espíritu (en el sentido de Voltaire y en el de Cristo) son los que más pronto se posesionan de la realidad, los más fáciles triunfadores de esa lucha. Los espíritus pobres de Voltaire se ríen; los espíritus pobres de Jesús sonríen. Éstos, con la benévola piedad de los humildes; aquéllos, con la satisfacción implacable de los tontos.

Los unos no comprenden cómo cuesta tanto a algunos lo que tampoco les costó. Los otros no comprenden por qué resisten tanto a la realidad los que luchan largamente para posesionarse de ella. Los tontos encomiendan su vida al acaso ciego, y el acaso los lleva. Los humildes encomiendan su vida a la fe inconsciente y la fe los guía.

El que encomienda a sí mismo su existencia y entra armado de su responsabilidad en el combate, y quiere modificar la realidad según su juicio, ese vacila, ese tropieza, ese cae; se levanta, vuelve atrás, sigue adelante, y si logra apoderarse de la realidad de la existencia, completarse en ella, perfeccionarse por ella, siempre vuelve los ojos del espíritu hacia atrás, siempre tiene la memoria del corazón fija en el primer momento de su vida, siempre sigue luchando para traer a la realidad aquel primer fin de su existencia y establecer en su alma la armonía. Si la establece, es un espíritu sano que reposa en su victoria. Si no la establece, será un espíritu enfermo, condenado a morir en el combate.

Hubiérase puesto Goethe en este orden de reflexiones, y en donde vio un alma frágil despedazada por el peso de la duda, hubiera visto lo que muestra Shakespeare: *el* alma humana sondeando los abismos de la realidad, en el tránsito de la alegría al dolor, de lo ideal a lo real, de la vida sentida a la pensada, de la vida inconsciente a la consciente.

Pusiérase el lector o el espectador de *Hamlet* en esta corriente de ideas, y tendría la clave del enigma, la palabra del misterio, la luz de esas tinieblas. Las tinieblas no están fuera, están dentro de nosotros. Y como no tenemos la costumbre de palparlas para desvanecerlas, y solo al tacto de la atención se desvanecen ellas, no hay caos más profundo que *Hamlet*, porque no hay oscuridad más tenebrosa que la recóndita actividad de nuestro ser.

Yo no intento probar que Shakespeare, al crear su sombría personificación de una crisis del alma, pensó lo que yo pienso; su tiempo le preservó de esas tristezas: lo que intento, es demostrar que concibió la verdad de observación que he tratado de explanar; puesto que, guiándose por ella, se comprende en todas sus partes la grandiosa obra, y puesto que en la exposición del carácter y en el desarrollo de la acción de Hamlet, se pueden comprobar las ideas que le atribuyo.

Hamlet era joven; a lo sumo tendría treinta años, pues Jorick, según el sepulturero (acto V, escena 1) hacía veintitrés que había muerto, y el príncipe, al recoger del suelo la calavera del bufón, recuerda las veces que estuvo sobre sus hombros traveseando. A los treinta años, todavía se ama; y Hamlet amaba a su padre, de quien tenía la más alta idea que se puede tener de un hombre —*He was a man*. «Era un hombre» —a su madre, la amante muy amada de su padre; a sus amigos, para quienes tiene las nobles palabras con que recibe a Horacio «señor, mi buen amigo (cambiaré este nombre por el suyo)»—; a los hombres, de quienes expresa el más óptimo concepto en las más entusiastas exclamaciones —*What a piece of work is a man! How noble in reason! how infinite in faculties!... like an angel!: like a god!* «¡Qué obra maestra es un hombre (cada hombre!) ¡Qué noble en razón! ¡Qué infinito en facultades!... ¡un ángel!... ¡un dios!»; al mundo, cuya tierra le parece admirable en su estructura, cuya atmósfera le semeja el dosel más excelente; en la belleza de cuyo majestuoso firmamento se extasía. Todos esos afectos están dirigidos por el amor de la verdad, que busca en sus estudios; acalorados por el amor de lo bello, que reconcentra en Ofelia.

En solo este bosquejo, está ya todo el estado moral de Hamlet antes de empezar su evolución: complacencia de los sentidos en la naturaleza; complacencia del sentimiento en los afectos naturales; complacencia de la fantasía en lo cierto concebido y en lo bello realizado. Resultado: para sí y dentro de sí, la ventura; de él para los otros, la bondad: era optimista hasta con aquellos primeros enemigos que crean, no tanto las relaciones sociales, cuanto las relaciones intelectuales de los hombres.

Pero hay más. Hijo de padres poderosos, rodeado de amigos adictos, lisonjeado por cortesanos obsequiosos, no tenía ambición. Cuando, acaso dispuestos a secundarla, los espías de su tío interpretan malignamente por lamento de la ambición descontenta sus quejas de Dinamarca, les contesta: *I could be bounded in a nut-shell, and count myself a King of infinite space, etc.* «Podría limitarme a una cáscara de nuez y tenerme por rey de un infinito espacio.» Esta falta de ambición, hasta en el segundo período de su carácter, cuando la ambición hubiera podido facilitarle la ejecución de su sombrío propósito de venganza; este contentarse con poco, cuando todo deseo suyo hubiera podido ser ley y mandato; este filosófico considerar la vida por lo que ella es en sí, no por lo que hacen de ella las exterioridades, con tan enérgico laconismo expresado en esta frase: «Nada hay bueno ni malo, sino lo que así hace el pensamiento», denotan en el espíritu de Hamlet aquel desarrollo de la idealidad que concluye por la indiferencia absoluta de la realidad y que no cuenta con ésta para nada.

Desatendiendo todos estos pormenores, Goethe se fija en uno solo para deducir de él que Hamlet era un espíritu débil que debía por necesidad sucumbir a la tarea que se había impuesto. El motivo en que funda esta opinión decidida el autor de *Fausto* es éste: cuando Hamlet acaba de saber de labios de la sombra de su padre que está llamado a ser el ejecutor de su venganza, exclama: «¡Abominable odio; nunca hubiera nacido yo para vengarlo!» Esta imprecación está lejos de ser la clave de la conducta de Hamlet. Es una mera manifestación de su bondad y la primera expresión del tránsito moral que va a operarse.

Como todas las naturalezas en quienes predomina el sentimiento, era idealista y compendiaba la vida en aspectos de belleza, en anhelos de bien, en conceptos de verdad. De aquí el desinterés de su existencia y la connatural moralidad de sus acciones. De aquí también el terror que experimenta en el primer momento de la vida nueva: cuando un áspero interés va a transformar su vida; cuando tiene que sondear el mal, que no conocía ni concebía; cuando tiene que penetrar en su conciencia, no para pedirle estímulos de acciones generosas, sino para que se doblegue ante la horrenda necesidad de una acción abominable. Amaba; tiene que odiar. Esa es la necesidad abominable que encuentra en el primer paso de su nueva senda; esa es la necesidad de que abomina.

Como todos los idealistas, Hamlet carecía de la depravada razón que, al afirmar el mal en la existencia, lo declara necesario. De esa razón depravada es hija la voluntad, esencialmente perversa, que en el retrato de Claudio hemos hallado. No teniendo en su espíritu el motor, Hamlet no tiene el movimiento, y carece de la voluntad que ejecuta rápida, tranquilamente y sin escrúpulos el mal que supone necesario. La voluntad es la facultad humana más próxima a las facultades animales. Por eso obedece tan dócilmente a los instintos y por eso es tan varia en sus funciones. Instrumento del instinto de conservación en los animales, su violencia está en razón directa del impulso del instinto. Instrumento del bien en los racionales, el mal no existiría si el ser racional no tuviera instintos. Los tiene, y cuanto más prevalecen sobre la razón, más perversamente influyen sobre la voluntad. Los animales hacen daño, no hacen mal, porque con la razón que les falta, les falta la responsabilidad y la moralidad de sus acciones. Los seres racionales hacen el mal, porque teniendo razón para moderar sus instintos animales, dirigen su voluntad por sus instintos en vez de dirigirla por la razón, facultad que conoce el bien y el mal, que tiene la responsabilidad de las acciones que consiente.

Como hay una razón pura o teórica y una razón práctica o ecléctica, hay una voluntad racional y otra instintiva. La voluntad racional es siempre secundaria, es una facultad subordinada a otra, es un medio de la razón. La voluntad instintiva es facultad predominante. La primera hace el bien o hace el mal; pero siempre lo hace obedeciendo, y casi siempre obedece al sentimiento del bien o a la razón del bien. La segunda hace fatalmente el mal, porque es mal hasta el bien que casualmente se produce, obedeciendo a una razón depravada, a un sentimiento corrompido, a un instinto vicioso.

Si en un combate del espíritu triunfan los instintos sobre la razón, la voluntad perversa es victoriosa. Si triunfa la razón sobre el instinto, la voluntad racional es vencedora. ¿Qué voluntad es más enérgica? ¿La que obedece inmediatamente a los instintos, porque ha abdicado la razón, o la que resiste continuamente a los instintos, sometiéndose siempre a la razón?

La historia vulgar y la sociedad común dicen que aquélla; la conciencia y la verdad dicen que ésta. Pero, a medida que la historia conoce sus deberes y que la sociedad conoce sus derechos, una y otra tributan homenaje a la voluntad virtuosa que sucumbe, por más que sigan haciendo ovaciones a la voluntad perversa que triunfa.

Una voluntad perversa que triunfa es Claudio; una voluntad virtuosa que sucumbe es Hamlet; aquí, desligada de todo interés, la razón pura es quien juzga: juzga mal a Claudio; juzga bien a Hamlet.

Obediente a la voz de la razón; pendiente del mandato de su conciencia; habituado por el desinterés de su vida a idealizarlo todo; trasformando en ideal la existencia, así la propia, que aproxima a su concepto general de la vida, como la ajena, que identifica la propia suya, Hamlet no usa jamás la voluntad perversa. Mundo, sociedad, individuos, el mismo misterio de su ser, todo está en él. Cuando la realidad contrasta con su ideal, se ampara en el ideal para olvidar la realidad; cuando el mundo desmiente su idea del mundo, rehace en su espíritu esa idea; cuando la sociedad lo engaña, acaricia en su corazón el sueño dorado de la sociedad perfecta que soñó; cuando los hombres le disgustan, busca en sí mismo el tipo original del ser humano, y, oponiéndolo a las copias repugnantes, a las parodias repulsivas, a las adulteraciones vergonzosas que encuentra en la realidad, se fortalece en su orgullo o en su voluntad del bien para seguir siendo lo que es; se fortalece en su optimismo o su modestia para seguir pensando de los otros lo que piensa de sí mismo. Si el orgullo le dice: «Tú no dejarás de ser nunca lo que has sido» la modestia le persuade a pensar que «puesto que él no es mejor que los demás, los demás deben ser lo que es él».

Toda educación, por torpe que sea, desenvuelve necesariamente las facultades del espíritu, y en cada espíritu desenvuelve aquella o aquellas facultades que naturalmente predominaban en el ser. La educación de Hamlet, bien amado de los suyos, acariciado por todas las sonrisas, invitado por todas las esperanzas de la vida, favoreció el desarrollo de la sensibilidad: su educación intelectual favoreció el desarrollo de la idealidad. Si su vida le enseñaba a amar, porque era amable, los libros le enseñaban a considerar como realidad aquellas risueñas perspectivas de su vida, porque desarrollaban la facultad que convierte en abstracciones, en ideas generales, en conceptos, los hechos prácticos, las ideas difusas, los juicios parciales de la realidad.

Ésta era su idea de la vida: una satisfacción sin contratiempos.

Ésta era su idea de los hombres: todos los hombres deben ser como mi padre y como yo; todas las mujeres deben ser como mi madre y como Ofelia.

Ésta era su idea de la sociedad: un pacto fraternal entre hombres que se aman como él amaba a sus amigos.

Hasta aquí, para nada le hacía falta la voluntad, porque vivía en sí mismo y de sí mismo.

Pero la vida real es vida de relaciones: con la naturaleza, y se cree en un principio; con la sociedad, y se cree en una ley; consigo mismo, y se cree en una unidad. Mientras la naturaleza y la sociedad y el propio ser concuerdan, se crea una armonía; cuando desacuerdan se crea un contraste. En la relación de armonía, la naturaleza tiene un nombre, el de Creador; una personificación, la tenebrosamente luminosa de Dios; la sociedad tiene una forma, la fraternidad; un representante, la augusta humanidad; el ser interior tiene una esencia, el espíritu; una apariencia, la majestuosa del hombre original. En la relación de contraste, la naturaleza, la sociedad, el ser, están vacíos: ni Dios, ni humanidad, ni hombre.

De una relación a otra relación, hay un abismo: el que mata o el que salva, cuando se pasa de un estado a otro del espíritu.

El sondeo de este abismo, lo desconocido que se alberga en sus entrañas, la luz o las tinieblas que se sacan de él, la necesidad de internarse en lo más hondo para subir a lo más áspero y llegar desde la sima hasta la cima, desde la oscuridad hasta la luz —eso es lo que constituye una revolución moral.

Esa era la revolución que sufría el espíritu de Hamlet.

Esa es la revolución que se desarrolla en la acción de la tragedia.

Exposición. La acción

Hamlet estudiaba en Witemberg, cuando se consumaba su primera desgracia en Elsinor: su padre muere.

Lo sabe, y viene. Al esconder su dolor en el seno de su madre, se encuentra sin el dolor simpático que buscaba y esperaba. Su madre no puede sentir como él, porque ella no está desamparada como él: se ha casado otra vez.

A su primer desgracia, acompaña su primera desilusión.

¿Con quién se ha casado su madre? Con el único hombre a quien Hamlet no puede querer, porque es quien, debiendo parecerse más, es el que menos se parece a su padre: con su tío. Claudio se parece a su hermano como un sátiro a Hiperión (acto I.º, escena II.ª, monólogo 1). Con la primera desgracia y la primera desilusión, el primer desprecio.

Y ¿cuánto tiempo hace que su padre ha muerto? —Un solo mes. ¡Un solo mes, y ya casada! Aquí, el desprecio se multiplica por la desesperación.

Y ¿por qué se ha casado su madre con su tío? Su tío es un sátiro, un esclavo miserable de la carne. ¿Lo será también su madre? Amaba a su madre porque la había creído digna de su padre; ¿no lo es? Aquí, el primer torcedor de la duda más horrenda.

Y ¿qué móvil ha inducido a su tío a casarse tan pronto con su madre? Si fuera un móvil ordinario, hubiera esperado; no ha esperado, y ha desafiado el escándalo del país. ¿Por ambición? Cuando la ambición no tiene un motivo generoso, es la perspectiva de un crimen.

No es ambición digna la que procede indignamente: ¡hay un crimen! Ante esta tremenda afirmación, todo el espíritu de Hamlet se trastorna. Ve a su padre, bueno, sano, robusto, prometiendo vida, desaparecer repentinamente, y ve a su tío ocupando su tálamo y su trono: *When sorrows come, they come not single spies, —But in batallions*. «Cuando vienen las penas, vienen en batallones, no sueltas como espías»; y la sospecha de un crimen espantoso, acompañado de las circunstancias más terribles, acompaña en el espíritu de Hamlet a la perdida de su padre; a la pérdida, en vida, de su madre; a la pérdida de sus más puras ilusiones; a la pérdida inmediata de su fe.

Estaba en la fe; está en la duda. La edad terrible de la fe había pasado en un momento para dar campo en su alma a la edad formidable de la duda.

Algo se ha salvado en el naufragio: queda Ofelia. La dulce criatura lo confiesa a su padre: Hamlet acaba de declararle su amor; *He has of late made many tenders of his affection to me* (acto I.º escena III.ª). El mismo Polonio lo confirma cuando, poco después, lee a los reyes la carta que la sumisa Ofelia le ha entregado y dirigida por Hamlet: «A la celestial ídolo de su alma.»

En esa carta, que se resume así: «Duda de todo, menos de mi amor. Yo lo tengo por ti (aunque no tengo tiempo para contar mis gemidos) porque eres lo mejor»; en esa carta hay, no solo la confesión de su amor, sino la esperanza de una salvación por el amor. Como él ha empezado a dudar de todo, consiente a su amada que de todo dude; pero como para decidirse a amarla ha necesitado invocarla como lo mejor (*O most best*) y embellecerla en su imaginación hasta creerla la más embellecida por las virtudes, que él ve desaparecer en todas partes (*the most beautified Ophelia*), confía a la mutua fe, de él hacia ella, de ella hacia él, la única felicidad en que espera, y le ruega que no dude de su amor.

Ella no dudará o morirá en la duda: él mortificará su amor para justificar su duda.

Si en ella el amor es una fe, en él es más una esperanza que una fe: no se abandona a él. En vez de invocarlo en su dolor, lo excluye de su dolor, y nunca, ni a solas ni acompañado, ni rumiando ni disimulando sus congojas, alude a él. Acaba de confesarlo; acaba de ligarse por medio de su dulce confesión, y ahí está: solo, como se le verá siempre en los grandes momentos de la tragedia, como quiere su espíritu que esté, ofendiendo el recuerdo de la mejor de las criaturas al confundir en un mismo anatema a la fragilidad y a la mujer: «¡Fragilidad, eres mujer!» (*Frailty, thy name is woman!*).

Por muy buena que sea Ofelia, ¿cómo no ha de ser frágil, si lo es su madre? Y por mucho que él ame al único ser a quien puede amar, por mucho que necesite de ese amor, ¿cómo va a entregarse a él, cuando tiene que ahondar y más ahondar y ahondar más el misterio que lo abruma?

¡Casada su madre y con su tío, y a los dos meses, no tanto, de morir su padre, y tener él que verlo y que callar, y tener que desgarrarse el corazón y reprimir la lengua! Si Dios no fulminara sus rayos contra los suicidas, se suicidaría. Prefiere el suicidio al mal, y él presiente que va a tener que hacer el mal: *It is not, nor it cannot come to, good*. «Esto no es ni puede traer nada bueno» —(acto I.º escena II.ª, monólogo).

Hace un mes que está repitiendo ese monólogo, porque hace un mes que su alma se ha disociado del sentir y del pensar de los demás, porque hace un mes que cayó de la altura de su antiguo estado al abismo de la nueva vida en que camina. Nada tiene que ver con los demás seres: son de su especie, pero no de su familia. Ellos hacen el mal o lo adulan; él no puede soportarlo. Ellos lo hacen por conveniencia o por placer; él se espanta de tener que hacerlo por deber. Se aísla, porque necesita conocer hondamente el nuevo estado; busca la soledad porque la necesita para pensar sin distraerse; huye de los hombres, porque son cortesanos de la fortuna y enemigos instintivos del dolor. Llora en la soledad, ríe y hace reír en la sociedad: aquí lo acecha todo el mundo; allí solo su conciencia lo examina.

Hasta la compañía de sus amigos lo molesta, y cuando se presenta Horacio, deseos le dan de rechazarlo; pero es Horacio, su amigo, su adicto de corazón y voluntad, y reaparece por un momento el Hamlet de otro tiempo, y llega en la confianza de su afecto a decir a su amigo que ve continuamente con los ojos del espíritu a su padre.

—«Yo lo he visto con los del cuerpo», dice Horacio.
—«¡Visto! ¿a quién?»
—«Al rey tu padre.»
—«¿Al rey mi padre?»
—«Dos veces se ha aparecido a estos señores y a mí, esta noche.»
—«¿En dónde fue eso?»
—«En la plataforma donde estábamos de centinela.»
—«No le hablaste?»
—«Sí; pero no contestó.»
—«¡Es muy extraño!»

Y Hamlet hace una larga pausa en su espíritu. Sombra de su conciencia o de su padre, Hamlet la ha visto ya en su fantasía y sabe a qué viene, y por eso se inmuta, y por eso medita largamente su extrañeza.

Sale de ella para preguntar:

—«¿Hacéis guardia esta noche?»
—«Sí, señor.»

Y vuelve a recogerse en sus ideas; pero la coincidencia de la aparición con ellas lo preocupa, y exclama:

—«¿Armado, dijisteis?»
—«Sí, señor, armado.»
—«¿De la frente al pie?»
—«Sí, señor, de pies a cabeza.»
—«¿Luego, no visteis su rostro?»
—«Sí, llevaba alzada la visera.»
—«¿Parecía cejijunto?»
—«Aspecto más triste que colérico.»
—«¿Pálido o encendido?»
—«No, muy pálido.»
—«Y ¿fijaba la vista en vosotros?»
—«Constantemente.»
—«Hubiera querido hallarme allí.»
—«Os hubiera aterrado.»
—«Probablemente... Y ¿permaneció mucho tiempo?»
—«El tiempo que se tarda en contar de uno hasta ciento.»
—«Encanecida la barba, ¿eh?»
—«Color negro plateado, como en vida.»
—«Quiero hacer guardia esta noche. Tal vez vuelva a presentarse. Si es la sombra de mi padre, le hablaré. Vosotros, oído sordo y lengua muda. Mis afectos por los vuestros: id con Dios.»

Y queda solo. ¡No! Sigue tan acompañado como estaba: de la misma coincidencia extraordinaria; del mismo sobrecogimiento; de la misma seguridad de que la sombra misteriosa va a confirmar sus sospechas: «¡La sombra de mi padre! ¡y con armas! Alguna asechanza ¡Qué llegue la noche! Paz hasta entonces, corazón. *Aunque toda la tierra las oculte, las maldades se presentarán a la vista de los hombres.*»

¿Luego hay una maldad? Hamlet lo ha afirmado en su conciencia; pero es la conciencia que tiene el sentimiento quien lo ha dicho, y teme engañarse, y vacila, y cada vacilación aumenta las tinieblas de su espíritu.

De esas tinieblas morales está llena la escena, cuando en ella se presenta Ofelia y la ilumina. Discute con su hermano su naciente amor, y lo defiende contra las dudas de su padre. Ha hablado cuatro palabras. Las bastantes; no hay nadie que pueda ya ignorar estas dos cosas: que Ofelia ama a Hamlet; que ese amor infantil y angelical bastaría para sanar el corazón del joven.

¿Bastará? Y, como lo presintió el admirable psicólogo-poeta al intercalar esta escena encantadora entre dos de las más decisivas de su obra, el interés aumenta, la piadosa ansiedad del auditorio se duplica, y cuando en la escena inmediata se presenta Hamlet, y poco después hace su temida aparición la sombra terrorífica, los que no ven ella otra cosa que la forma plástica de la conciencia del príncipe, la materialización del alma apenada del infortunado joven, así como los que en el aparecido ven un *alma en pena* que se toma el trabajo de venir de luengas tierras para imponer una venganza que debía habérsele olvidado, todos anhelan que las revelaciones de ultratumba no coincidan con las inducciones de Hamlet, porque todos se acuerdan de Ofelia, y por ella, y por Hamlet, desean que el espíritu del joven se cure, y solo conciben su curación en el amor de Ofelia.

«¡Amor! No van por ese camino sus afectos.»

Van por el camino del odio y la venganza. Y es fatal; donde quiera que un fin obsta a otro fin, el más poderoso agobiará al más débil. Débil, mera esperanza, su cariño; fuerte, áspera fe, la de su duda; Hamlet no piensa en otra cosa que en ver con los ojos de su alma la forma corporal de su sospecha, la confirmación infernal o celestial de la duda que le roe el corazón.

Ahí está la duda incorporada a una apariencia corporal; ahí está el fantasma de su padre. Ansiaba que llegara la noche para verlo, y ahora lo ve, está temblando. ¿De miedo? ¿Por qué? *What should be the fear?* Más aprecia un alfiler que su existencia. Y hace bien. La existencia sin un fin útil vale menos que un alfiler: de ese alfiler, hasta la mano de un niño hace un fin útil.

Y ¿por qué tiembla? ¿Por su alma? ¿Qué hubiera podido hacerle el fantasma, siendo una cosa tan inmortal como él mismo, *being a thing inmortal as itself*?

Y ¿por qué tiembla? Porque nadie penetra en lo desconocido sin temblar. Lo desconocido, para Hamlet, no es la revelación que haya de hacerle el muerto, sino el poder formidable de que va a armarse. Sabe lo que le cuenta el aparecido, porque su profético corazón se lo había dicho (*O my prophetic soul!*); luego tiene un poder omnipotente en su corazón: ¿qué va a hacer de él? Dudó de su tío, y tuvo fe en su duda; la duda confirmada, ya no es fe. ¿Qué queda en él? La herencia de un mal que le repugna; el patrimonio de una venganza, que maldice; y el horrendo poder de ver, tras la apariencia de las cosas y los hombres, la deforme realidad de hombres y cosas. *O horrible! O horrible! most horrible!* poder cien veces, mil, diez mil veces más horrible que la perversidad de que el fantasma se lamenta.

Presintió que lo sucedido no era bueno, y el fantasma le dice: «no te engañas». Presintió que había un crimen, y hay un crimen. Presintió que en el crimen iba envuelta la inocencia de lo sagrado para él, su madre, y va envuelta. Presintió que el risueño, tranquilo y obsequioso tío era el autor del crimen presupuesto, y era el risueño malvado. Presintió que iba a tener que armarse del mal para ser bueno, y ha jurado acordarse para siempre de que su padre murió envenenado por su tío, de la venganza que su padre le encomienda. «¡Oh vosotros, ejércitos del cielo! ¡Oh tierra! ¿A quién más? ¿Invocaré al infierno?... ¡Tranquilo, corazón, tranquilo!... ¿Acordarme de ti? Sí, borraré de mi memoria *todo recuerdo amoroso, toda sentencia de los libros, todas las formas e impresiones del pasado... ¡Oh perniciosísima mujer!* ¡Oh malvado, malvado, risueño malvado condenado! Quiero esculpir esto en mi conciencia: que un hombre puede sonreír y sonreír, y ser malvado».

Ejércitos del cielo, tierra, y tú también, infierno, sed testigos de que Hamlet ha jurado acordarse para siempre de que en tanto que él dormía en su fe del bien, el mal velaba y lo hirió en la vida de su padre, en la para él dogmática pureza de su madre, en la confianza que los hombres le inspiraban, en el amor con que contemplaba cuanto existe. Sed testigos de que nunca, jamás lo olvidaré, y de que, para tenerlo presente mientras viva, rompe de hoy más con su pasado, arranca de su corazón el último afecto que arraigaba en él, arranca de su razón las palabras de la sabiduría que ambicionó; y para no abominar de su madre, abomina de la más perniciosa de las criaturas, la mujer; y para más odiar a los malvados, quiere pensar y repensar hasta saber que se puede hacer el mal con la misma sonrisa que ama el bien.

El primer paso en la revolución, en el abismo, está ya dado.

Cuando se dice de un hombre: «Le sucedió tal cosa y ha cambiado», se dice que pasó por ese hombre el soplo de un espíritu nuevo, que él supo o no supo aprovechar. Cuando Hamlet pone una barrera entre lo pasado, que él acaba de pasar definitivamente, y el tiempo desconocido que ahora empieza, no dice qué va a hacer, no piensa qué va a hacer, no quiere hacer, solo siente, solo piensa que entre todo lo pasado y lo presente hay un abismo; que ese abismo está lleno de un recuerdo; que en ese recuerdo está su certidumbre de que el hombre es un malvado que sonríe, y un ser pernicioso la mujer. Cuando se empieza una revolución en una creencia, una institución o una sociedad, nadie sabe dónde va; solo se sabe que entre el punto de partida y la meta hay un abismo: la conciencia esclava en Alemania; el feudalismo en Francia; el coloniaje en la América del Sud.

Lo que se sabe es que la sociedad, la nación, el espíritu, el hombre, conmovidos por esa convulsión, no saldrán de ella como en ella entraron.

El dulce, el benévolo, el optimista, el generoso Hamlet acaba de sufrir la convulsión moral: ya no es el mismo. Ya no tiene confianza ni en Horacio. A las preguntas de éste, contesta con ambigüedades que solo tienen significación para sí mismo; a las pruebas de interés que de él recibe, contesta con una injuria, pues insiste diez veces en que jure guardar secreto lo que ha visto; a las palabras más sencillas da una intensidad de significación que, Horacio, ignorante de la revolución que acaba de operarse en el espíritu de su amigo e ignorante también de que a cada cambio o movimiento interior corresponde un cambio o movimiento en la forma, en la palabra que lo exterioriza, cree locura. El mismo Hamlet se asombra del cambio que ha correspondido en su palabra al cambio operado en su interior, y decide utilizarlo, fingiendo una locura. No es necesario que la finja. No está loco ni estará loco; pero ha franqueado de un solo impulso toda la distancia que hay de la idealidad optimista al pesimismo ideal, y basta que no se entiendan sus palabras, sus acciones, sus deseos, sus sentimientos, sus ideas, para que todos lo declaren loco.

Ha perdido todo el apoyo que tenía en su estado anterior, y es débil. Necesita armarse de una fuerza artificial y va a tenerla en su astucia, en su rudeza, en la ironía que fluirá de su intención; en los sarcasmos que en aludes caerán de sus labios; en las burlas, en el desdén; en el desprecio con que, desde su nuevo punto de vista, va a considerar la vida, la sociedad, el hombre. Hamlet creerá que es obra suya esa apariencia; pero nada habrá en ella que no sea resultado directo o indirecto de su nuevo estado. Estado tránsitorio, así en los individuos como en las sociedades, se caracteriza por la especie de furor con que reacciona contra el estado anterior, echando por tierra los ídolos que adoró, elevando la duda cínica a la categoría de alta razón, tomando por elemento de fuerza lo que es demostración de debilidad, clasificando entre las impurezas más hediondas las que antes —ideas, personas, relaciones, emociones— bendijo y adoró como purezas celestiales. Detrás de ese estado tránsitorio está la fuerza, porque en el que ha de sucederle está el progreso, y progreso no es más que la adición de bienes hecha entre los descubiertos nuevamente y los ya desde antiguo conocidos. Niega todo bien en absoluto, y está en el mal.

Para colmo de debilidad, y también como resultado fatal de la crisis en que ha entrado, tendrá fuerza para el mal que no desea, se abstendrá del que considera necesario; será heroico para resistirse a sí mismo y no convertirse en instrumento del mal; será impotente para hacerse del mal un instrumento.

Hará el mal que no quiere, y se complacerá tanto así en ese mal cuanto más sufra. Creerá que así se acostumbra al dolor de hacer el mal.

¿Qué es lo único que Hamlet amaba cuando se vio obligado a empezar a desamarlo todo? ¿Ofelia? Pues es seguro que irá donde Ofelia a atormentarla atormentándose. Es el único ídolo del pasado, y necesita verlo en el suelo y pisotearlo. Irá. Lo llevará el instinto de conservación; buscará un refugio en su inocencia, luz en su alma que oponer las tinieblas de que huye, y al verla, se pasmará de ver en el ángel a la mujer, se espantará del ángel por odio a la mujer; y, viendo en ella al mismo tiempo la esperanza del bien en cuanto ángel, la seguridad del mal en cuanto mujer, expresará en silencio su tremenda lucha. La tomará violentamente de la mano; la mirará, la mirará y la mirará; meneará la cabeza como se mueve la cabeza cuando expresamos la recóndita angustia de la duda unida al íntimo adiós de la esperanza; se despedirá en tenebroso silencio de su ídolo, y cuando se aleje para siempre de él y su ventura, estará lejos de la ventura y del ídolo que la encarnó, y aún tendrá invertidos los ojos hacia él.

La estética responde a la psicología; el arte a la ciencia; la realidad a la verdad.

Ahí está Ofelia, mirando hacia un punto, fijos en él los ojos y el espíritu, ignorante de lo que le ha pasado, a pesar de que va a referirlo a su padre.

—«¿Qué tienes, Ofelia?»
—«¡Me asusté tanto!»
—«¿Con qué?»
—«Estando yo cosiendo en mi aposento, Hamlet —desceñido el ropaje, destocada la cabeza, manchadas, sueltas, caídas sobre los tobillos las calcetas, pálido como su camisa, chocando rodilla con rodilla y con un aire tan siniestro en el semblante como si hubiera sido arrojado del infierno para contar horrores— vino a mí.»
—«¿Loco de amor por ti?»
—«Lo ignoro, señor; pero, en verdad, lo temo.»
—«¿Y qué dijo?»
—«Asióme de la muñeca y me apretó; separóse después a distancia de su brazo, y poniendo la mano, así, sobre sus cejas, hizo tal examen de mi rostro como si hubiera querido retratarlo. Así se estuvo largamente: al fin, sacudiéndome blandamente el brazo y moviendo tres veces la cabeza, lanzó un suspiro tan hondo y lastimero, que pareció que todo su

cuerpo se destrozaba, y que moría. Hecho esto me soltó, y volviendo la cabeza sobre el hombro, anduvo hasta la puerta como si no necesitara de sus ojos para andar y hasta el desaparecer los mantuvo dirigidos hacia mí.»

Esta escena muda hubiera sido incomprensible, y el poeta no la ha representado, la ha descrito.

Nunca ha dado el arte una prueba más delicada de su facultad de adivinar la verdad. Si el poeta hubiera representado esa escena capital, hubiera puesto tinieblas en la luz que de ella se desprende; describiéndola, y poniendo la descripción en los labios de Ofelia, no solo ha conseguido expresar con claridad la situación de Hamlet, sino que ha hecho sentir el recóndito dolor que anuncia. El espectador esperaba que la crisis moral del desdichado joven concluyera en el amor redentor de Ofelia; la misma inocentísima criatura lo esperaba. Ya no tienen el derecho de esperarlo. Desarrollo de la acción y desarrollo moral del protagonista serán la misma cosa en Hamlet. La acción sigue al héroe como el eco a la voz. Ya ha terminado la obra de la duda; ya ha terminado la exposición de la tragedia.

Así en las crisis intelectuales, morales y políticas de la humanidad. Cuando todo se ha destruido, malo y bueno, empieza la tarea de reconstrucción. Se sacan de los escombros los materiales buenos que cayeron, se ligan a los buenos, y también a los malos, que ha traído el nuevo plan, y se reconstruye laboriosamente el edificio.

Desarrollo

Hamlet no duda ya. Sabe por revelación de su conciencia o de ultramundo, que su padre murió envenenado, que el envenenador fue su tío; que el móvil del envenenamiento fue la ambición; el incentivo del crimen, la concupiscencia. Sabe que la ambición victoriosa ocupa el trono, y la concupiscencia triunfante ocupa el tálamo de su padre. Sabe que la deshonra de su madre es obra del ambicioso criminal. Sabe que de aquí proviene toda la pérdida que él sufre en sus creencias, en sus esperanzas, en su amor.

¿Qué va a hacer?

Amándolo tanto como lo ama el pueblo, según dice Claudio (acto IV.º, escena VII), un momento de ambición decidida lo vengaría; santificada su venganza por la tumba misma, una sola ocasión podría satisfacerla. Y, sin embargo, no se le ocurre el medio que la ambición le ofrece, y antes de matar por su mano al criminal, penetrará con impávida razón en las profundidades de todos los problemas de la vida.

Que su estado inquiete a su enemigo; que éste haga venir expresamente a dos de los antiguos condiscípulos de Hamlet para convertirlos en espías de su pensamiento y de sus actos; que Polonio lo importune, obedeciendo tanto a su deseo de complacer al rey como a su propio afán de probar que no es peligrosa la locura del príncipe; que Gertrudis empiece a perder la serenidad de su felicidad sensual; que Ofelia llore la pérdida de sus felices ilusiones; que Claudio incube largamente el nuevo crimen que le sugiere su instinto de conservación multiplicado por su maldad, nada le importa. A todo parece indiferente, por más que de todo se dé cuenta.

Solo a sí mismo, solo a la evolución que va verificándose en su espíritu, está atento. Si pudiera dirigir la evolución, se salvaría. Por dirigirla, por hacerla obra suya, producto de su razón y de su esfuerzo, está luchando.

Ha transpuesto la duda de la razón, y está tranquilo. Ha empezado la duda de la conciencia, y está en lucha. Que el mal le ha salido al encuentro, ya lo sabe. Que tenga el derecho para hacer el mal, eso lo ignora.

De todas sus fuerzas interiores, la única que hasta ahora acepta el mal es su sentimiento. Lejos de decidirse por el mal, su razón lo detiene a cada paso, y en cada impulso del sentimiento irritado, en cada movimiento del odio, en cada desesperación de sus afectos destruidos, encuentra el freno de la razón, que unas veces lo obliga a indagar el origen de las causas más abstrusas, que otras veces la fuerza a contemplarse, sujeto y objeto de su contemplación, con la mirada fría que antes aplicaba al estudio, al examen y al conocimiento de la vida externa.

La razón conoce: no aprueba ni desaprueba lo que pasa; pero hay un consejero más austero, una voz más severa en su interior, que, cuanto más desaprueba y más condena el mal de que Hamlet es paciente, más aconseja la abstención del mal. La voluntad, enfrenada y contenida, tasca el freno, quiere obedecer al sentimiento, quiere lanzarse, abalanzarse, destruir, aniquilar, anonadar, satisfacerse, saciarse, concluir de un golpe el combate doloroso, y en cada circunstancia de la acción, en cada acontecimiento, en cada hecho, encuentra un pretexto para exigir acción, para secundar el acontecimiento, para pedir hechos, para trasladar de dentro afuera el combate mantenido en las oscuras soledades del espíritu.

Los cómicos que se presentan en Elsinor suministran a Hamlet el pretexto que anhela su exacerbada voluntad, que pide su sentimiento espoleado por el odio.

Si el cómico representa el papel que Hamlet le encomienda y Claudio se delata a sí mismo al ver puesta en acción la infamia criminal que cometió, ¿con qué derecho, en nombre de qué deber seguirá su conciencia obligándole a abstenerse del mal que ha de salvarlo del mal y los malvados? Puesto que el mal existe, según afirma su razón; puesto que el mal es necesario, según siente el sentimiento; puesto que el mal es un derecho según quiere su atormentada voluntad, ¿no será un deber para su conciencia el consentir el mal?

El cómico que acaba de recitar en su presencia lo avergüenza. Ha recitado las palabras de un héroe, y se ha conmovido, y ha llorado, y ha hecho conmover y llorar a cuantos lo han oído declamar. Y él, que lleva en su alma un dolor agudo, que sufre una desgracia positiva, que ha visto la deshonra de su madre, el triunfo de su tío, que llora la muerte inicua dada a su padre por el triunfador procaz, él no siente, él no padece, puesto que no hace sentir y padecer a los que han amargado su existencia. No tiene voluntad, no tiene valor, ¿es un cobarde? De nadie consentiría que le ultrajara; de nadie consentiría que le dijera una injuria frente a frente, ¡y consiente, sin embargo, que quede impune el crimen que maldice y abomina!

Se ha quedado solo, y medita angustiosamente en el misterio:

«Ahora estoy solo. ¡Oh! ¡yo soy un esclavo miserable! ¿No es monstruoso que ese cómico, solo por una ficción, por una pasión imaginada, pueda forzar su voluntad a su capricho?... ¡Y todo, por nada! ¿Por Hécuba? ¿Qué es Hécuba para él, él para Hécuba, que así llora por ella? ¿Qué haría, si tuviera para sufrir el motivo y el objeto que yo tengo? Inundaría de lágrimas la escena... enloquecería al culpable... En tanto que yo, estúpido irresoluto, languidezco, y nada sé decir ¿Soy yo cobarde? ¿Quién se atreve a decirme miserable?...»

Y continúa su magnífico monólogo. Monólogo para el espectador, diálogo para sí mismo, en él querellan la conciencia que no quiere decidirse y la voluntad ansiosa de vencer la irresolución de la conciencia.

De esas querellas secretas del espíritu es diariamente escenario el ser humano. En razón del desarrollo del espíritu, la extensión y las dificultades de la lucha. Un hombre bueno es casi siempre débil: ¿por qué? porque pierde en esas querellas interiores la rápida ocasión de ejecutar su voluntad, porque teme ejercitarla para el mal. Por muy fuerte que sea en su razón, por completa que sea su certidumbre del mal, por lúcida que sea su apreciación de la realidad; cuanto más fuerte, cuanto mayor en certidumbre y más lúcido sea en sus juicios del mundo y de sí mismo, mayor será la obstinación contra los males que conoce y más hondas raíces arrojará en su alma aquella tranquila voluntad que quiere el bien, que se opone heroicamente a la voluntad del mal.

Esas contiendas heroicas no se ven, y los que tienen la magnanimidad de sostenerlas llegan a un momento de dolor desesperado en que, juzgándose con el juicio con que temen ser juzgados por los otros, aceptan el mal como un mandato categórico de la realidad, como medio necesario de existencia.

En ese momento está Hamlet al meditar en sí mismo en el monólogo.

Ya ha decidido el mal.

Para provocarlo, para mantenerlo ojo alerta, ahí están las circunstancias exteriores; ahí están Claudio y sus espías, empezando a entenderse para el crimen. Hasta ahora, la hipocresía del uno esconde a los otros sus designios; pero ya llegará el momento de revelarlos, y sabe que puede contar con ellos para realizarlos.

Claudio va a saber por sí mismo a qué atenerse; va a esconderse con Polonio para oír lo que Hamlet dice a Ofelia: tanto creen ésta, su padre y la misma Gertrudis que puede la pasión amorosa influir en el malestar del príncipe, que Claudio se decide a ver con sus ojos y oír con sus oídos el extravío de una pasión en que no cree. Ya decidido al crimen, una nueva confirmación de sus temores será una nueva prueba en favor de su malvado intento.

Se esconde, y ve venir solo, cabizbajo, encarcelado en su pensamiento, a Hamlet.

¿En qué piensa, qué medita, qué indaga?

Piensa en el problema tenebroso; medita en la más remota de las causas; indaga el principio más recóndito.

Ha decidido el mal, y ese mal va a tener por expresión la muerte.

¿Qué es la muerte? El no ser. Y ¿qué es el ser?

Un problema entre dos incógnitas; un abismo entre dos bordes ignorados. De resolver el problema, de franquear el abismo, de eso se trata. De eso se trata para Claudio; para Claudio, si él lo mata; para él mismo, si no se decide a perdonarlo ni a matarlo.

Y, ¿qué es más digno del alma, de esa alma humana tan poderosa en el pensar, en el sentir y en el querer: sucumbir al dolor o rebelarse contra él; matar o morir?

«¿Morir?... dormir, y nada más.»

Y se sonríe. La muerte, que antes se le presentó como idea, se le presenta ahora como realidad. Como idea, asusta; como realidad, atrae.

«¡Y decir que en ese sueño va a acabar este acerbo, dolor del vivir mío!»

Lejos de temerlo, lo desea. Y tanto lo desea, que se olvida por completo de la determinación anterior de su voluntad, desaparece de su espíritu el motivo ocasional de la meditación; y ya no piensa en el ser que va a destruir, en sí o en otro, sino en el no ser, que anhela con toda la devoción de su infortunio.

Y acaricia la idea conquistada, como acaricia la razón las verdades descubiertas por su esfuerzo: «Morir — dormir.»

Ni énfasis, ni reflexión, ni afectación. Morir es dormir; una verdad y nada más. La verdad es sencilla y luminosa. Sencilla, no cuesta esfuerzo; luminosa, hace ver y se hace ver. Se encoge de hombros: morir es dormir.
Y ¿dormir? ¿qué es dormir?
«¡Dormir! ¡Quizá soñar...!»
Luego la muerte puede no ser el tranquilo dormir que deseaba. ¡Quién sabe las pesadillas de ese sueño!
Y nota un escollo, y lo señala, y se detiene a examinarlo.
Es la voluntad del mal, detenida ante los escollos del mal. Si estuviera sola, si solo estuviera determinada por los impulsos calenturientos de la imaginación y el sentimiento, no se detendría, y pasaría el escollo o se estrellaría contra él; pero ha sido determinada en una lucha: la razón indagadora, la conciencia justiciera van con ella, y se detiene.

En vano tiende después a su carácter natural, a sus impulsos característicos, a sus violencias naturales; y se ríe de la razón y la conciencia diciéndoles que ese escollo es el escollo que hace tan larga la calamidad del existir; que ese es el miedo que, por retroceder ante el peligro del momento, llena de calamidades nuestra vida: la razón y la conciencia no la oyen.

Ambas piensan con ella y sienten con el sentimiento desesperado, que si no fuera por el miedo de ese escollo que se presenta en la idea de la muerte, nadie, ningún hombre nacido de mujer «soportaría resignadamente las injurias del tiempo, las injusticias de la tiranía, las desigualdades de la vida social, el fardo de la existencia fatigosa».

Pero cuando el sentimiento se queja de la tarda voluntad, a quien atribuye que prefiramos los dolores conocidos a los no conocidos, e increpa acerbamente a la conciencia, que es, según ella, quien nos hace cobardes y quien convierte en nonada las empresas más altas y más dignas, hay en el espíritu de

Hamlet aquel tumulto interior que, en los individuos como en las sociedades, resume siempre el apogeo de una lucha.

El monólogo

Poneos a platicar con el huésped taciturno que albergamos no sé en qué rincón del organismo: preguntadle quién es, de dónde viene, a dónde va; su origen, su destino; sus fines, sus medios, sus principios; sus derechos, sus deberes, su carácter, su esencia, relaciones, afinidades; quién es Dios, si de allí viene; qué es la materia, si solo es una condensación de la materia; qué es infinito, si lo es; qué es absoluto, si por tal se tiene; qué es la eternidad; qué es la muerte; y todas las fuerzas parciales del ser adquirirán una tremenda intensidad de acción y chocarán violentamente unas con otras, e iguales en poder como son todas ellas en esfera, se cansarán de combatir sin obtener victoria. El sentimiento desesperado buscará la muerte; la voluntad iracunda intentará una acción; la razón meditabunda buscará una luz; la conciencia impasible intentará una conciliación armónica. Pasarán días y más días, y siempre el dolor para el sentimiento, y siempre la irritación para la voluntad, y siempre para la razón la media luz, hasta que la conciencia haya elaborado su armonía y encadenado en su órbita precisa esas fuerzas, que son anárquicas si evolucionan a su arbitrio, que son armónicas si evolucionan dirigidas.

La conciencia no ha elaborado aún en Hamlet la armonía, y para hacerlo entender y demostrarlo, pone Shakespeare en sus labios el monólogo sombrío.

Ese monólogo es por sí solo una tragedia, porque el apogeo de una revolución moral, el momento supremo de anarquía en un espíritu.

Bienaventurados los que hayan venido a la vida, estado en ella, pasado de ella, sin tener que descansar la pesada cabeza sobre el pecho para pensar hondamente y decir en el hondo secreto de su alma:

«Ser, —o no ser. —Ese es el problema. —¿Qué es más digno del alma: soportar los tiros y los golpes de la fortuna adversa, armarse contra las tribulaciones, y, oponiéndose a ellas, acabarlas? ¿Morir? dormir, y nada más. ¿Y decir que, por medio de ese sueño, terminamos las mil penalidades naturales, las congojas de que la carne es heredera! ¡Oh! ¡ese es un término que debemos anhelar devotamente! —Morir, dormir. ¡Dormir! ¡quizás soñar! Aquí está el escollo que detiene: porque, cuando hayamos arrojado esta envoltura mortal, ¡qué ensueños sobrevendrán en ese sueño de muerte! —Ese es el miedo que prolonga la calamidad de la existencia. —¿Quién, de otro modo, sufriría las inclemencias del tiempo, la iniquidad de los tiranos, los ultrajes del soberbio, las congojas del amor menospreciado, los trámites de la ley, la insolencia de nuestros superiores, las vejaciones que sufre de los indignos el mérito paciente, cuando un puñal bastaría para restituirle la quietud? ¿Quién querría soportar la carga, gemir y sudar la fatigosa vida, si no fuera que el miedo del más allá de la muerte (desconocido país de donde no vuelven los viajeros) embarga la voluntad y nos hace preferir los males que sufrimos a los otros que ignoramos? ¡Es decir, que la conciencia hace cobardes! ¡Es decir, que el brillo nativo de la resolución se debilita con el pálido matiz del pensamiento, y empresas de grande importancia y gran momento cambian de curso y de nombre ante esa idea!?»...

Y hubiera seguido meditando, no ya con la pasiva meditación de la razón, sino con la activa, punzante, calenturienta desesperación de todas las fuerzas de su alma.

Venía pensando en la muerte con que había resuelto castigar a su enemigo, y llegó a preferir para sí mismo el mal que para otro preparaba. Pensaba que era un delito el morir, y se ha encontrado con que la idea del no ser es el torcedor más agudo del espíritu. Pensaba que todas sus facultades amaban, querían, razonaban y aplaudían unánimemente la idea de la muerte, y ha visto estallar la disensión entre todas las facultades de su espíritu.

Venía razonando sobre lo finito, y ha concluido lanzando una interrogación al infinito.

En toda revolución, igual momento. Cuando las sociedades atormentadas de Colón rompieron para siempre la cadena que había durante tres siglos embargado el movimiento de su vida, se hallaron lanzadas al vacío, se asustaron; se encontraron en la anarquía, y se aterraron. Cuando Jesús meditó definitivamente el problema de la transformación de la humanidad por su doctrina, sudó sangre y exclamó dirigiendo su voz al infinito: *Pater! si possibile est transeat a me calix iste!*

Hubo una luz, la de su sacrosanta conciencia, para el Cristo: bebió en ella la fe de su sublime obra, y la acabó. Hubo una luz, la del progreso, para los pueblos de Colón: bebieron en ella la fe de su porvenir, y continuaron.

Diálogo

Hubo otra luz para Hamlet, la de Ofelia: iluminó con ella la tiniebla palpable de su alma, y sin embargo la apagó. Horrorizóse de sí, no de la luz. Horrorizóse de no ver con ella el sumo bien que en ella hay, de que solo le sirva para ver la horrenda oscuridad en que se ha envuelto.

Nadie la ama como él; nadie desea inundarse de ella como él; pero a nadie le está tan vedada como a él, y la rechaza.

Luz es Ofelia para él; pero esa luz de esperanza ilumina esta verdad de su desesperación: su madre era buena, bella, virtuosa, y sigue siendo bella a pesar de haber dejada de ser buena y virtuosa. Ofelia es buena, bella y virtuosa; pero es mujer, como su madre: no puede, no *debe* creer ni esperar que haya un ser más perfecto que su imperfecta madre, una mujer que pueda resis
tir a las solicitaciones a que no supo su madre resistir. Su padre pecó por ser mujer: es absolutamente necesario que toda mujer obedezca, como su madre, a su naturaleza de mujer. La fragilidad es condición esencial de la mujer. Si no ha caído, caerá. Y para desecharla irremisiblemente, supone la caída: *Are you honest?* «¿Eres honesta?» ¿Por qué la abruma con esa brutalidad? Porque es bella. Y «¿puede —preguntemos con la inefable dulzura de Ofelia— tener la belleza mejor compañera que la honestidad?» «Sí, por cierto: que antes el poder de la belleza transformará a la honestidad en alcahueta, que pueda la fuerza de la honestidad hacer su semejante a la belleza.» —Y como al pronunciar esta cínica herejía, no piensa en Ofelia y solo se acuerda de su madre, dice, con amargura que desgarra: «Esto era una paradoja en otro tiempo; pero hoy...» Y al contemplar a Ofelia, tan pura, tan sencilla, tan amante, tan bella y tan honesta, envuelve en un mismo suspiro esta reflexión: «Y hoy también», y esta declaración que hace a su adorada: «Yo te amé.»

Yo te amé es, yo te amo. En boca de Hamlet significa más: «Te amo; pero no debo amarte.»

Es un combate a muerte entre el deber de vengar y la necesidad de amar, nunca tan imperiosa como entonces. Es la continuación de la misma anarquía de su espíritu, elevada al horror sublime en el monólogo, mantenida por el diálogo en lo patético sublime. Si es patética la lucha de un fuerte contra el instinto y la necesidad de ser feliz, es sublime la lucha victoriosa de un débil contra un fuerte. No hay fuerza superior a la que acaba de conquistar Hamlet, si se exceptúa la que sucede al estado en que él está; pero entonces la fuerza está en reposo. No hay debilidad igual a la de un alma inocente como Ofelia: juegan con ella todas las realidades de la vida.

La realidad terrible de la vida está en Hamlet; la debilidad de la inocencia está en Ofelia. Fuerza y debilidad están en su apogeo: se encuentran y chocan. De ese choque sale triunfante la debilidad. La fuerza, al ultrajarla, se despedaza a sí misma, y se fatiga. La debilidad, al resistirle, se depura.

Hamlet dice, con la brutalidad de la verdad, a Ofelia: «Te amo: no te amo; necesito amarte, no puedo, porque no debo amarte», para concluir diciendo, convencido de la pureza que ha negado, apiadado de la inocencia que ha martirizado: «Vete, vete a un convento, a un retiro inaccesible, a un asilo de paz y de reposo en donde no tengas que sufrir el martirio de tu alma.» Y en tanto que se aleja, fijos siempre los ojos en la ventura que abandona, maldiciéndose dos veces a sí mismo, por inútil para la felicidad, por inútil para darla, arrepentido de no haberla aceptado, —Ofelia, que en un solo momento ha pasado por todas las alternativas de la esperanza y la desesperación, de la alegría y del dolor, del amor y la piedad, ha perdonado todas las ofensas, todas las injusticias, todas las crueldades, todas las brutalidades de su amante, y segura de sí misma en su debilidad y en su inocencia, sabe que ella, solo ella, tiene poder bastante para restituir la salud al adorado espíritu enfermo, y quejándose del infortunio más que de él, exclama: «Haber visto lo que he visto para ver lo que veo.»

Estas dos escenas, tan claras en sí mismas como son, parecen oscuras: es que sobre ellas flota la neblina sutil de lo sublime.

Desarrollo
Desde este momento, la acción no puede detenerse y se desarrolla con una celeridad igual a la lentitud con que hasta ahora ha procedido.
Lo más claro en sí mismo suele parecer lo más oscuro, y a primera vista no se comprende cómo, dependiendo la acción de esta tragedia del desarrollo moral de su protagonista, sea el momento de mayor vacilación que hay en el espíritu de Hamlet, el en que adquiere movimiento el drama. Pero todo es claro y congruente para el que haya comprendido el monólogo sombrío, el diálogo claro-oscuro que le sigue, la intención con que Shakespeare ha hecho que Claudio presencie ocultamente la entrevista significativa de los dos amantes; para él que haya comprendido que, desde el monólogo en adelante, Hamlet ya que tiene que discutir con su conciencia, porque ya está todo discutido, y ya hay en él un carácter definitivo que solo necesitará una circunstancia, la que fuere, para realizarse definitivamente. El que haya percibido la coincidencia de la acción interna y la externa que se verifica en este instante de la tragedia, cuando Hamlet se ha decidido a ser, y cuando Claudio, previendo el riesgo que su vida corre, se decide a deshacerse de la de Hamlet, comprenderá por qué la acción se precipita. Hamlet va directamente a su venganza; Claudio, por su parte, va sin vacilación a su nuevo crimen.
Ya puede observarse la transformación verificada en Hamlet. Habla con el cómico a quien ha encargado que represente la escena del Gonzago; y para que sea mayor el efecto que de ella espera, le da una lección de declamación que, así presentada, es natural, porque determina la posesión de sí mismo en Hamlet y la tranquilidad con que va a su objeto;

que, presentada como un incidente, es absurda. Detrás de ésta, una escena que la completa: la en que Hamlet, que hasta ahora ha estado solo en su proyecto, porque vacilaba en ejecutarlo, se asocia a Horacio, con quien cuenta y a quien recomienda que examine cautelosamente la fisonomía del rey cuando se ponga en escena el crimen que le dio el trono.

Ha llegado el momento decisivo. Toda la corte se ha agrupado alrededor del escenario. El prólogo de la comedia antigua ha salido ya a pedir perdón por las faltas presuntas de los actores, y Hamlet, que tiene el buen humor que estalla por compensación en los caracteres tétricos cuando se aproximan al logro del objeto que han perseguido con obstinación, habla jovialmente con el rey que pregunta el nombre y el argumento de la pieza: «¿Cómo se llama?» pregunta el rey. «La ratonera», dice con maligna intención el príncipe. Y continúa: «Esta pieza es la imagen de un homicidio consumado en Viena. Gonzago es el nombre del duque; Baptista el de su mujer.»

Representan escenas semejantes a las que determinaron la muerte del rey Hamlet, y Claudio se delata. Se inmuta, palidece, se estremece, se levanta, se va. Y cuando todos los cortesanos, consternados por el malestar que ha demostrado, van tras él, Hamlet se pone a cantar. Ese cantar equivale a un comentario. Hamlet canta, porque si la irresolución es una tristeza abrumadora, el primer momento de la resolución es una alegría loca. Hamlet está seguro de que podrá vengarse, y exhala su contento, verdadero contento, íntima satisfacción de un alma atribulada por la apatía. Si aún, cuando Horacio le dice que ha observado lo que él, siente y expresa tristeza, no es que vacile, es que su alma generosa se entristece de la necesidad del mal. Por eso pide música, ruido, bullicio exterior: para matar esa tristeza.

Preséntanse Rosencrantz y Guildernstern, tanto más empeñados en vigilar a Hamlet, cuanto más se lo ordena la inquietud de Claudio; y Hamlet, que antes temía no tener energía para sustraerse a la vigilancia, está ya tan seguro de sí mismo que, empleando la encantadora alegoría de la flauta, les dice: «En vano intentaréis saber lo que guardo en mi pensamiento, porque no quiero revelarlo.»

Detrás de los emisarios del rey, los de la reina. Polonio, en nombre de ella, ruega a Hamlet que pase a los aposentos de su madre.

Al hacerlo, queda solo consigo mismo, y según la costumbre de su espíritu y la necesidad del estado moral que recorre, se examina. Ni una duda, ni una vacilación. El que antes dudaba si tenía el derecho de hacer mal; el que antes vacilaba estremeciéndose ante la idea de la muerte, piensa ahora con fruición que bebería sangre caliente.

Con ese horrendo deseo se dirige al aposento de su madre pasando por el oratorio de palacio. Se encuentra con su tío que, apoyado sobre el reclinatorio, fuerza y violenta una plegaria inútil. Hamlet se abalanza, saca su espada, va a matarlo... ¿Se ha detenido por temor del crimen? No. Se ha detenido porque no le satisface el crimen. El malvado está rezando, y si muere rezando, se va al cielo: ¡donosa venganza, la de dar el cielo a un perverso que, por matar a su padre después de las libaciones de una orgía, lo envió al infierno! No; ya él está seguro de su resolución y tiene calma para esperar: esperará a que el malvado esté en condiciones de condenarse cuando muera.

Y entra en las habitaciones de su madre. «Hamlet, mucho has ofendido a tu padre». «Madre, mucho habéis ofendido a mi padre.» El diálogo que empieza así, no puede continuar tranquilamente. ¡Está resuelto a matar, y no ha de estarlo a castigar! Tanto llega a temer la reina ese castigo, que pide socorro. Polonio, escondido para oír, repite el grito. El príncipe cree que es, anhela que sea su tío el que está detrás de las cortinas, y las atraviesa con su espada, y con ella un cuerpo que se desploma con estruendo. ¿El de su tío? Y el ardiente placer de la venganza relampaguea en sus ojos, y el rugido del odio satisfecho resuena en su corazón: *Is it the King?* «¿Es el rey?» Y cuando levanta la cortina y ve a Polonio, maldice el error de la casualidad; pero, no se arrepiente; él quería matar al rey, no es culpa suya que, en vez del rey, sea Polonio. Bloody deed, dice reconviniéndole su madre. «Sí —le contesta sarcásticamente—: un hecho sangriento tan malvado como matar a un rey y casarse con su hermano.» Y en la delirante actividad de su rencor se olvida tan absolutamente del respeto que se impuso hacia su madre, que hace necesaria la intervención de la sombra paternal. El fantasma aplaca su furor, exigiéndole piedad para su madre; pero renueva el juramento de odio y venganza contra Claudio. —Ese fantasma es la conciencia de Hamlet, y será la última vez que se presente, porque todo cuanto Hamlet va a hacer está de antemano absuelto por la conciencia.

Lo que ella no absuelve es la irresolución. Abandonada por completo a la violenta dirección de la voluntad activa, busca ansiosamente las circunstancias y las ocasiones que rehusaba antes, y en todo encuentra motivos a la acción, ejemplos del poder que tienen los que no discuten con su voluntad y la obedecen. Halla en su camino el ejército de Fortimbras, que va por placer a matar gente; y piensa, en el monólogo más profundo que ha pronunciado jamás el labio humano, en las inmensas ventajas morales y sociales que lleva consigo el que vive de la realidad que no discute, y abandonándose a ella, se abandona a la corriente de la vida, tocando quizás en todos sus escollos, no deteniéndose jamás ante ninguno. Él podrá llegar despedazado al fin de su vertiginosa carrera;

pero habrá vivido, porque vivir, en el sentido social de ese concepto, es moverse, es hacer, es realizarse en el tiempo, completarse en los otros, dilatarse en la común acción de la generación viviente.

Dése al espíritu un objeto; búsquese, para impedirle que lo alcance, el valladar más inaccesible; póngase perpetuamente entre el objeto y él, y se habrá hecho mártir a ese espíritu; pero el que quiera concebir una idea del infierno, coloque en el alma humana un deseo vehemente, ávido de acción, una voluntad voraz, unida a una reflexión infinita de sus actos, y habrá colocado el infierno en el único lugar en donde existe: en la conciencia.

Hamlet busca una circunstancia propicia, y no la encuentra. Ha pasado por todas las fases del dolor, por todos los tormentos de la lucha interna, por todas las congojas de todas las desesperaciones, y no ha podido todavía desenfrenar su encadenada voluntad, dar alimento a su venganza hambrienta. Una ocasión, y más de una se han ofrecido a su deseo, y siempre ha dejado disiparse la ocasión. Y en tanto que él se mortifica en la pasividad y maldice inútilmente su impotencia, pasan, triunfadores de la actividad, contentos de sí mismos como todos los que triunfan, los hombres que para conseguir lo que desean, no necesitan más que abandonarse a su deseo.

Mientras que él, juguete de sí mismo, pierde el tiempo de la acción en meditarla y en pedir circunstancias favorables, Claudio, su enemigo, el verdugo de su fe, su esperanza y sus afectos, ha podido inutilizarlo, alejándolo para siempre de Elsinor.

Mientras que él se ve forzado a caminar hacia Inglaterra, alejándose cada vez más de su venganza, Fortimbras, un príncipe adolescente, una ambición naciente, se dirige con un ejército a Polonia, sacrificando sin vacilación y sin tristeza, miles de hombres a su intento. El contraste es angustioso: es el contraste en que César meditaba cuando pensando en el dominio del mundo romano, pasó de los veinticinco años sin conseguirlo, y acordándose de Alejandro, ya a su edad conquistador del Asia, se golpeaba desesperadamente la cabeza.

Todos, menos él, son activos para el bien o para el mal, y hacen el bien o el mal, porque no reflexionan lo que hacen. Antes descubrió que la conciencia hace cobarde: ahora advierta que la razón hace impotente.

El monólogo en que conoce este nuevo abismo de su vida, tiene una profundidad insondable:

Todas las acciones atestiguan contra mí y espolean mi tarda venganza. —¿Qué es el hombre, si su mayor bien y el empleo de su tiempo están en la comida y en el sueño? Una bestia no más. De seguro que el que nos hizo con tan vasto discurso, mirando hacia adelante y hacia atrás, no nos dio esa capacidad y esa razón casi divina para que la encerremos sin usarla, en nosotros. Ahora, si es bestial olvido o cobarde escrúpulo del pensamiento demasiado meticuloso en el hacer (pensamiento que, dividido, solo tendría una parte de prudente para tres cuartas partes de cobarde), yo no sé por qué vivo todavía para decir: «Hay que hacer esto», si tengo motivos, medios, voluntad y fuerza para hacerlo. Ejemplos continuos me estimulan. Aquí hay un ejército numeroso, guiado por un príncipe tierno y delicado, cuyo espíritu, inspirado por ambición divina, hace frente al invisible evento, exponiendo lo que es mortal e inseguro a cuanto fortuna, muerte y peligro se atreven por un cascarón de huevo. —En realidad, ser grande no es moverse sin un gran designio, sino querellar grandemente en lo pequeño. ¿Cómo, pues, me detengo yo, que tengo un padre asesinado, una madre deshonrada, solicitaciones de mi razón y de mi sangre, y lo dejo dormir todo, mientras que, para vergüenza mía, veo la muerte inminente de veinte mil hombres que, por un capricho, por una mentida gloria, van a combatir por un puñado de tierra, que no es espacio bastante para sepultura de ellos ni contenido suficiente para ocultar su crimen?

Nada tiene de particular que se desatienda o mal comprenda el espíritu de este monólogo, cuando el mismo Hamlet lo concluye declarándose indigno de todo si en adelante no son sangrientas sus ideas.

Es tan honda la lucha, que el mismo que la sostiene desconoce su carácter verdadero. No se trata de pensar sangre: ya está pensada y discutida y decidida: se trata meramente de maldecir la incomprensible fatalidad que, producida por motivos interiores o exteriores, impide que el paciente de ese estado moral salga de una vez y en un solo momento activo, de él. Hamlet sabe que consumará su obra, sabe que cada paso que adelanta lo conduce a ella; pero no sabe por qué, otros, casi todos los hombres, consiguen más y más pronto de sí mismos y del mundo, empleando en querer, en desear, en escoger medios, esfuerzos infinitamente más pequeños que los empleados por él para solo decidirse a proceder.

Mientras Hamlet se ausenta de la escena, se verifican dos efectos naturales de su conducta anterior: enloquece Ofelia y Laertes, recién llegado de su viaje, amotina al pueblo contra el rey. La locura de Ofelia y la rebelión de Laertes son producidas por la muerte de Polonio. Polonio ha muerto porque Hamlet lo ha matado; y así como, al saberlo, Laertes traslada en su intención a Hamlet el odio vengativo que traía contra el rey, así Ofelia que sabe quién fue el matador, recuerda vagamente en su locura al amado enemigo de su felicidad y su razón. Aun ausente, siempre está Hamlet presente en la acción.

Para llegar ésta a su término, solo necesita la vuelta del carácter que la alimenta. Unos marineros traen pliegos de

Hamlet y en ellos anuncia su regreso. Claudio concierta con Laertes el duelo alevoso que ha de vengarlos del príncipe, y para hacer más anhelada la venganza, entra la reina a referir cómo, estando la dulce Ofelia formando a la orilla del torrente las caprichosas guirnaldas con que se adornaba, cayó al agua y estuvo largamente flotando sobre ella, tranquila en el peligro como si estuviera en la alegría cantando dulcemente y sonriendo, en tanto que la corriente la arrebataba de la vida.

Desenlace

Hamlet está en el cementerio. Acaba de llegar, después de burlar el peligro que Claudio le había preparado; y la casualidad lo ha llevado al lugar donde juntos reposan para siempre los que no conocieron el movimiento de la materia y del espíritu, con los que siempre intranquilos en su vida, pensaron con tranquilidad y dulzura que todo es transformación en nuestro ser, así desde la cuna hasta la tumba, como desde la tumba a la otra cuna. Una tumba en el claustro materno, la del cuerpo; otra tumba en el cuerpo, la del alma. Como se necesita desgarrar el seno maternal para nacer a la vida corporal, se necesita destruir el cuerpo para nacer a la vida independiente del espíritu. Santa madre es la muerte; pero es triste, no solo porque interrumpe el dulce engaño del vivir, sino porque presenta en esqueleto la verdad. Esos cráneos que el sepulturero levanta displicentemente con su pala, pertenecieron a un todo descompuesto que miró, que penó, que sintió, que ejecutó, que fue bueno o malo, embustero o veraz, risueño o melancólico, bufón o héroe, Yorick o Alejandro. ¿Por qué no pleitea ya el abogado, ni adula el cortesano, ni hace reír el bufón, ni llorar el héroe? Este cráneo es de Yorick: ¡pobre Yorick; tan donoso, tan alegre, tan vivaz! ¿Dónde están sus ocurrencias, su alegría, su vivacidad? ¡Y como han desaparecido la gracia, la risa, el centelleo del cráneo vacío del bufón, habrán desaparecido también de la calavera de Alejandro las heroicas concepciones, y desaparecerá un día la belleza de Ofelia inolvidable!

Y la tristeza que divaga en esta escena, tanto más íntima cuanto mayor es la paz de ánimo de Hamlet, se aumenta al oír el vocerío doliente del fúnebre cortejo que adelanta. ¿Qué abogado, qué cortesano, qué bufón, qué conquistador, qué dama habrá perdido su lengua, su espina dorsal, su risa, su brazo, su belleza?

Hamlet ha visto la muerte en su imaginación; estaba contemplándola en sus ruinas; la ve ahora en su obra diaria. —¿Sobre quién ha caído? Hamlet está sobrecogido de piadoso espanto, cuando Laertes asegura al sacerdote que *A ministering angel shall my sister be*: «un ángel al servicio de Dios será su hermana.»

La bella a quien, por medio de Yorick, recomendaba Hamlet que desdeñara su belleza perecedera, ya no existe. Dentro de poco, como antes buscaba en el cráneo descarnado del bufón la risa alegre, podrá venir a buscar inútilmente en la calavera pelada de su amada, la mirada apasionada, la pudorosa sonrisa, el beso que se desea y no se pide. *What! the fair Ophelia!* «¡Cómo! ¡la rubicunda Ofelia!» Es la declaración de amor: la única que puede hacer Hamlet; la inútil, la que no podía tener por recompensa el cielo que hay en la expresión de un alma amante.

Se hubiera recogido a llorar las primeras lágrimas; pero hay alguien que insulta su dolor. Laertes, desesperado, grita su desesperación a grito herido, maldice a Hamlet con maldiciones estruendosas.

El hombre irresoluto, el siempre detenido ante una idea, el enfermo de la voluntad, encuentra en su nuevo dolor la fortaleza que destruyeron los antiguos, y adelanta con paso seguro hacia el injusto declamador de su dolor, y en una soberana explosión de su alma hasta entonces contenida, dice más y hace más que ha podido decir y hacer mientras luchaba consigo mismo en su interior.

La circunstancia que buscaba el hombre, se presenta; y el hombre no ha faltado a la circunstancia.

Detrás de la explosión inesperada, llegará la preparada, y el hombre se dará en toda su fuerza.

Claudio ha convenido con Laertes en el modo de aniquilar al enemigo de ambos. Es Hamlet tan generoso que creerá deber suyo aceptar el asalto a espada que van a proponerle; es tan confiado, que tomará sin examinarla el arma que le pongan en la mano. El arma de Laertes estará envenenada, y él morirá. Una muerte casual, que nadie llorará con lágrimas más abundantes que los causantes de ella, y olvidarán al muerto, y adorarán por sensibles a los asesinos: hábil obra.

Mandan proponer el encuentro a espada, y aunque Horacio le ruega que no acepte, Hamlet acepta el asalto.

Es herido en el momento en que desarma a su contrario. Cambia su espada por la de éste, y Laertes cae herido. En el mismo momento cae desplomada a suelo Gertrudis. Ésta, al morir, declara que ha sido envenenada. Laertes en su agonía, confiesa su crimen y el de Claudio.

Llegó para éste el momento con tan hondas congojas buscado por Hamlet: éste se precipita sobre aquél, y en un solo momento de activa voluntad encuentra la satisfacción de su venganza.

Conclusión

Muere; pero mata. Es su deleite.
Mata; pero muere. Esa es la áspera moral de la tragedia.
El bueno, que por amor al bien ha combatido heroicamente el deber del mal, logra al fin hacer el mal; pero sucumbe en él.

Satanás pronunció con los labios de Milton una frase que tiene resplandores infernales de verdad: «Mal, sé mi bien.» La personificación del mal reconoce la necesidad del bien.

Los que en su vida reconozcan la fatalidad del mal, lean pensando esta tragedia, observen la revolución en los mundos, en las sociedades y en el alma individual del hombre, y si quieren padecer más que Hamlet padeció, adelantando más en la revolución del alma, pasando victoriosamente sobre el mal, saliendo triunfantes de la muerte, díganse en la conciencia: ¡Bien, sé mi mal!

No quedará dolor por conocer; pero como no hay dolor más agudo que el desconocido, ya no habrá dolor agudo, y el alma quedará en el olímpico reposo de la indiferencia, que tantas veces he contemplado con deleite en la Venus de Milo victoriosa.

Plácido

El poeta cuya vida vamos a recordar, fue mártir del miedo que España ha tenido siempre a la Independencia de sus colonias.

Como Heredia, que vivió y murió en el destierro, *Plácido* fue perseguido porque fue una personalidad.

Como Zenea, que murió fusilado por los mismos que lo tuvieron siempre errante, *Plácido* fue condenado al último suplicio porque su vida aterraba a los tiranos.

Hay, gracias a la lógica eterna de la razón universal, una incompatibilidad inconciliable entre la inteligencia y la tiranía, entre las virtudes y los déspotas: la tiranía odia a la inteligencia hasta en la muerte; el déspota odia la virtud hasta matarla. *Solitudinem facient*, como dice Tácito, y llaman paz a la soledad que han producido.

Por eso las edades más tristes son las más poéticas, los pueblos más tiranizados los más líricos.

Bajo el pie de la coacción lucha el cohibido, y del contraste entre la fuerza vencedora y el derecho no vencido, surge la vocación poética de la sociedad, hecha carne, hecha hueso, hecha hombre, hecha individuo en el poeta lírico.

Se ha concedido bienaventuranza a los pueblos que no tienen historia, porque no han tenido cataclismos. Yo concedo bienaventuranza a los pueblos que no tienen poesía lírica, porque no han sufrido tiranías; y por ver libre de España a Cuba, y por libertar de España a Puerto Rico, daría todos los poetas que han producido las dos islas infortunadas, y una vez devueltas al dominio de sí mismas, proscribiría perpetuamente a la poesía, que en tanto que allí haya poetas y resuene la voz de la poesía, dormiré con agitadas pesadillas: me parecerá que aun está España entre nosotros.

Mientras esté, la vida no tendrá más que un aspecto, el de la muerte, que es el aspecto que tenía Cuba al nacer y al morir *Plácido*.

I

Gabriel de la Concepción Valdés, llamado *Plácido*, nació en 1818: el lugar de su nacimiento fue Matanzas; los autores de su vida fueron un hombre moreno de color, un *pardo*, y una mujer blanca de color, una española. Matanzas es una de las ciudades más importantes de la Isla de Cuba, a menos de 25 leguas de la Habana, al Este de esta capital, en la costa norte de la Isla, y una de las mansiones más deliciosas de la tierra.

Está situada al extremo de la bahía de su nombre, contemplando el diáfano horizonte de las Antillas, que solo por llorar la dominación española se ha hecho opaco. El San Juan y el Yumurí, dos ríos tranquilos, serpean sesgamente por sus risueños campos, y fertilizan la ya de suyo providente tierra que tuvo una providencia mientras vivió ignorada, que solo tiene fatalidad desde que se presentó y se entregó a sus opresores.

En medio de esos dos ríos, la naturaleza, que es menos española que la Providencia, se obstinó en hacer eterna la protesta del suelo contra el usurpador, y para que las edades futuras compararan lo que había sido la Isla primitiva, tal cual la produjeron las evoluciones de la naturaleza, tal cual hacía las delicias del indígena, tal cual produjo las exclamaciones y el asombro inmortales de Colón, dejó en medio de los dos ríos de Matanzas el valle más encantador que han profanado jamás la codicia y la crueldad.

En aquel valle, al amparo de sus plátanos dadivosos, al abrigo de sus ceibas eminentes, a la sombra de sus mangos portentosos, al arrullo de las palmas —pararrayos que se mecen—, al alcance del cocotero delicioso; próximos al jobo calenturiento, a la jagua medicinal, al guayabo que fructifica sin descanso; entrelazados por los millares de parásitos que florecen a expensas de otras flores, fructifican a expensas de otros frutos (símbolo antediluviano de la dominación de España en el Nuevo Mundo); bloqueados por la naturaleza primitiva, solicitados por todos los pájaros de la floresta y por todas las alimañas de los bosques, habitadores solitarios del templo de árboles y flores, de agua y luz, de vida y armonía en que la naturaleza se muestra a los salvajes, en aquel valle, donde más tarde nació *Plácido*, nacieron los primeros hombres que halló España en aquella comarca encantadora. Los conquistadores no pudieron conseguir que aquellos inocentes moradores les dieran noticias de unos indios perseguidos, e hicieron tal y tan cobarde matanza en la comarca, que desde entonces hasta hoy y para siempre, conserva toda ella el nombre siniestro que lo recuerda.

El hombre indígena pasó; pero la vegetación indígena ha quedado, y el valle deleitoso en donde entonaran sus primeros y sus últimos areitos, los primeros y los últimos felices que desde su origen hasta hoy conoce Cuba, está allí protestando contra la muerte, y estaba allí cuando *Plácido* nació.

Nació en un momento de transición social.

La revolución de Independencia en las colonias del Continente amenazaba a España con la muerte de su imperio colonial, y era necesario que empezara a buscar en las Islas los tesoros que iba a perder en el Continente. Como todos los injustos, pueblos o individuos, España no ha conocido el precio de los bienes que ha perdido sino cuando ha tenido que retenerlos por la fuerza; y Cuba, imperio por sí sola (si empleando el lenguaje conceptuoso de los españoles, entendemos por imperio lo grandioso, lo valioso, lo excelente), había sido, con Puerto Rico, relegada hasta entonces al desdén.

Entonces empezó a creer que algo valieran aquellas Islas desdeñadas, y empezó a plantear el sistema que ha descrito el puertorriqueño Acosta en dos palabras pintorescas: *oprimir* para *exprimir*.

Ya en 1818 empezaba la grande Antilla a tener hijos, y dos de ellos habían ido al Continente a rogar a Bolívar que consumara su obra en las Antillas; pero el grande hombre estaba todavía en su grande empresa, y aunque no olvidó a las Antillas, tuvo que resignarse a seguir arrojando de Nueva Granada y Venezuela al enemigo. Los *Soles de Bolívar*, sociedad patriótica que entonces se organizó en Cuba, no fueron tan oscuros que no llevaran algún rayo de luz al opresor, y empezó en la grande Antilla una obra semejante a la intentada en Puerto Rico. Mejoró en apariencia su administración rapaz, para que el mundo, que es siempre crédulo en el fuerte, creyera que era injusta una guerra de independencia sostenida contra una metrópoli tan sabia, y se inclinara hacia ésta, condenando a los esclavos que querían emanciparse.

España ha creído hasta 1865 que mientras poseyera a Cuba y Puerto Rico no habría perdido su derecho a la propiedad del Continente, y para seguir poseyendo a las Antillas, se decidió a proceder de tal modo que, enriqueciéndolas para enriquecerse, fueran más débiles cuanto más prósperas.

Fortaleció el poder de su delegado, el capitán general, y formó un Tacón, un soldado brutal que acabó con los ladrones, pero que acabó también con todas las garantías del derecho.

Aumentó, por medio del sapientísimo guatemalteco Ramírez, el comercio de la Isla; pero sacrificó a su voracidad la libertad comercial del país. Modificó las condiciones generales de la vida, consintiendo a su pesar en que las comunicaciones con los Estados Unidos y con Europa le dieran las exterioridades de la civilización; pero aumentó la fortaleza de sus fuertes, el número de sus soldados, el presupuesto de guerra en la Isla.

Dejó que algunos cubanos se enriquecieran con su trabajo; pero mató el trabajo social, favoreciendo el comercio de sangre humana y dando a la esclavitud un desarrollo horrendo.

Permitió que los cubanos salieran a educarse a las escuelas de América y de Europa; pero bloqueaba por hambre a José de la Luz Caballero, a Betancourt, a cuantos de palabra o por escrito, en el aula o en el libro, intentaban difundir otra instrucción que la inmortalizada por el adagio que pide sangre para la letra.

Consintió en que el teatro educara a la población que se formaba; pero prefería la educación de los nervios y el oído, y la ópera italiana fue su auxiliar por mucho tiempo. Oían la música que los enervaba; no entendían las palabras que escuchaban, y el dios se sonreía; mas, si por acaso resonaba la palabra *libertad* entre el estruendo de sonidos instrumentales y vocales, el dios fruncía el ceño, el teatro se estremecía y se cerraba.

Esa anécdota que el femenino Castelar aplica al gobierno de Roma en no sé qué correspondencia de las muchas que lo sostienen en América para que con su indigna conducta sostenga en el Parlamento español las iniquidades de España contra Cuba, esa anécdota es un hecho histórico, que ha acontecido en Cuba, que durante muchos años ha sido ley en Cuba.

Cuenta el sofista español que el gobierno papal había prohibido que se cantara en el teatro el dúo de barítono y tenor que concluye en el segundo acto de *los Puritanos*, invocando ¡*libertad*! Si el gobierno romano lo hizo, fue un plagiario; la idea original es de Tacón, el general español que después de haber perseguido en Cuba a los ladrones, se fue rico a España. Durante su gobierno o su tiranía o su endiosamiento, se presentó una compañía de ópera italiana que cantaba a los entonces en boga Donizetti y Bellini. Puso *los Puritanos* de este último en escena, y cuando los artistas encargados de invocar la libertad dieron el grito, España, representada en sus generales, soldados y pulperos, se espantó; los artistas fueron reducidos a prisión; el espectáculo se suspendió, y desde entonces, o no se cantaba el dúo de *los Puritanos*, o se cantaba «gritando... *¡lealtad!*»

Esta época de transición en que Cuba pasaba del abandono al cuidado, de la pobreza a la riqueza, del bienestar de la indiferencia al malestar de la tiranía, duró tan indefinida, tan vaga, tan imperceptible, tan caprichosa como la hemos presentado, lo que la vida de *Plácido*: desde 1818 hasta 1844. Es cierto que la transición, más clara y decisiva, empezó cuatro años después de la supuesta conspiración de negros y mulatos que llevó a *Plácido* al suplicio; pero no hay una inexactitud escandalosa en encerrar en la vida del poeta ese período.

II

Como el período de transición en que nació, *Plácido* era fisiológicamente una transición. Venía de la raza africana por su padre hacia la raza caucásica representada por su madre. Iba del negro al blanco, como el movimiento etnográfico de la Isla; del estado de esclavitud al de manumisión, como el movimiento político de Cuba.

Era (en el único retrato que se conserva de él) enjuto de carnes en el rostro, de color indeciso entre el blanco y el mulato, de nariz regular, de boca pequeña y expresiva, de ojos negros muy grandes, tan brillantes y tan expresivos como todos los ojos que se hunden en las órbitas para recoger más luz y hacer más intensa la mirada; tenía la frente espaciosa que necesita el pensamiento, alta como la exige la fantasía, tersa como lo quiere la pureza de intenciones: su cabello era crespo. El cabello rebelde, el pómulo saliente, el brillo característico del ojo, denuncian en aquella dulce fisonomía al africano, en tanto que el ángulo facial, la regularidad de la nariz, la delgadez de los labios, la extensión de la frente, delatan al blanco.

Así es en los rasgos generales la fisonomía social de las Antillas: al lado del elemento etíope se ha formado el caucásico; entre ambas, el mestizo; y en todos ellos, las virtudes y los vicios característicos de las razas que representan se confunden con los vicios y los errores y las monstruosidades que ha llevado la raza dominadora.

En las Antillas, es natural y necesaria y conveniente y civilizadora esa fusión y confusión de razas, porque de ella ha de salir la sociedad *sui generis* que en condiciones fisiológicas y morales corresponda al medio geográfico. Los españoles, que afectan un desdén español por esas mezclas, sirven también a la fusión, y han servido, no solo por debilidad de la naturaleza humana, sino hasta por especulación. Una esclava, como una gallina o una yegua, vale más cuanto más procrea, pues cada fruto de su procreación es un valor aparte. Hacer procrear a esas esclavas, crear por medio de ellas valores nuevos, ha sido arte y oficio, objeto y fin de muchos españoles de las Antillas. Vendían a sus hijos, es verdad; pero tenían en el vientre de la esclava la mina inagotable que buscaban, y ningún español de las Antillas ha incurrido jamás en la flaqueza de tener conciencia.

No era muy pulcra la que regía a la cómica española que fue madre de *Plácido*, y, a pesar de los escrúpulos de raza, se entregó al peluquero mulato que, entre rizo y rizo, prendía una galantería y concluyó por prender el corazón de la española.

Ser infiel al marido y al orgullo de casta no era un mal, y pudo hacerlo; presentarse ante el mundo con el fruto de aquel perjurio y de aquella degradación hubiera sido abominable, y la cómica española abandonó a su hijo.

No sabiendo qué hacer con él, su padre lo abandonó también; pero su abuela, una pobre negra, que era ciega y que había sido esclava, tuvo más luz en su conciencia, más libertad en su alma que los dos miserables licenciosos; y reclamó ante el mundo su derecho y recogió a su nieto.

Lo educó en el trabajo y la indigencia, y el niño hubiera sido un indigente más, si, prendado de su docilidad y su viveza, no le hubiera tomado a su cargo un no sabemos si cura o maestrescuela, que, al par que lo dejó continuar en el aprendizaje de peinetero, le enseñó cuanto sabía: a leer, a escribir, a contar, a murmurar palabras dirigidas al padre desconocido.

Así, haciendo peines y peinetas de carey; adquiriendo una notoria habilidad en su oficio; debiéndole el miserable pan que compartía con su abuela, leyendo los pocos libros que le caían en la mano; sintiendo nacer en su alma la personalidad poética que la nativa disposición de sus facultades, unida a las solicitaciones del mundo exterior en que se movía sin conciencia, formaba lentamente; examinando los hombres y las cosas; observándose y observando, llegó *Plácido* a la edad poética por excelencia, porque es por excelencia melancólica.

III

Tenía veinte años. A esa edad, todos sus compañeros de taller sabían dos cosas: que tenían un padre (si no era español) o una madre (aunque fuera negra) y que tendrían una amante, una esposa, una madre de sus hijos.

Entre todos el más poderoso por su alma, *Plácido* era el más impotente por su estado. ¿Qué era él? ¿hijo? jamás había sentido sobre su frente el aliento de su madre; de su padre, solo sabía que hacía una incursión semanal al hogar desamparado de su abuela para llevarse la mayor parte del miserable salario que sus peines de la semana producían. Tuvo un día una reyerta con un blanco que le llamó *pardo*: tuvo una querella con un su igual en color que le llamó *bastardo*.

Se llevó al hogar desamparado las dos ideas terribles; incubó largamente sobre ellas; se alimentó copiosamente de la amarga substancia de verdad que contenían; miró con desconfianza a aquel hombre que llamaban su padre; buscó con la última mirada del alma desesperada a aquella madre, tanto más sorda cuanto más llamada, tanto más invocada cuanto más sorda a su clamor, y perdió la seguridad que hasta entonces le había dado su confianza en los otros y en sí mismo.

Pero tenía una fuerza interior que, aun no dominada, obedecía a su voluntad, y cada vez que una mirada de los otros hacia el o una mirada de él hacia los otros demarcaba la separación en que vivía de todos y de todo, se retiraba a la soledad del valle, en donde, divagando entre pájaros y flores, murmuraba palabras cadenciosas que correspondían a los sentimientos que expresaban y al ritmo misterioso de su espíritu; cuando la pena era muy honda o muy punzante el dolor que le aquejaba, se recogía en su rancho, y allí convertía en signos su dolor.

Era poeta.

¡Pardo, bastardo, y poeta! Sin comprenderla, presintió la monstruosidad de aquella asociación de debilidades sociales y de pereza individual, y se espantó. Era pardo y bastardo, y era débil; era poeta, y era fuerte. Era pardo, y era un desheredado del respeto público; era bastardo, y era un proscripto de la sociedad. Era poeta, y sentía fuerzas para ser más fuerte que el respeto público, más poderoso que la sociedad que lo rechazaba con desprecio.

Era poeta, y amaba lo bello que veía. Vio lo bello, y lo amó. Era una mujer blanca: él era pardo; una hija de la fortuna: él un bastardo. Hubo una lucha. Pero era la lucha de la adolescencia, franca, estruendosa como ella; y la virgen blanca oyó el quejido del luchador. La dulce felicidad del triunfo tomó forma en uno de los romances octosílabos más dulces, más tiernos, más delicados que ha producido la musa tropical:

La flor de la cera

Una mañana de abril,
Antes que el alba serena
Ornara el cielo de nácar
Y los pensiles de perlas,
Paseaba yo divertido
Del San Juan por la ribera,
En un jardín que a su orilla
Preciosas plantas ostenta:
Con un cestillo de mimbres
Y unas tijerillas nuevas,
Estaba una joven linda
Cortando flores de cera.
Ocultéme entre unas ramas,
De jazmín y madreselva,
Que abrazan a un rojo adonis
Formando bóveda espesa.
Era su frente brillante,
Como del amor la estrella,
Sus ojos vivos y hermosos,
Negras y largas sus trenzas,

De marfil su dentadura,
Su boca purpúrea y bella
Y su cutis fresco y blanco
Como la flor de la cera.
Llevaba una manta azul
Bordada de blanca seda,
Cadena y manillas de oro
Y aretes de finas piedras;
Hablando consigo misma,
De que la oyesen ajena,
Tomando la más lozana,
Dijo la simple doncella:
«Dice bien Delio que eres
De los jardines la reina:
¡Si yo fuese tan hermosa
Como el panal de la cera!»
De su voz, el eco suave
Me hizo conocer a Lesbia,
Con la cual bailé mil veces
De Pueblo-Nuevo en las fiestas.
Y de Delio bajo el nombre
Le hice amorosas protestas.
¡Conque aquí mi Lesbia mora,
Y de su Delio se acuerda!
¿Podré dudar que me ama
Esta inocente belleza,
Tan sencilla, alegre y pura
Como la flor de la cera?
Escogió después algunas,
Sentóse sobre la yerba,
Formó una hermosa guirnalda
Y se coronó con ella,
Fuese a orillas de un estanque

De agua clara, limpia y tersa;
Vióse el rostro en el cristal,
Y exclamó de gozo llena:
«Ya estará Delio en el puente,
Y cuando pasar me vea,
Dirá que soy tan preciosa
Como la flor de la cera».

IV

Era pardo; pero era amado: era bastardo; pero era poeta. Todo fe en su fuerza, y volvió con más confianza a la lucha. La blanca despreciaba a los pardos, y los pardos zaherían a los bastardos: ¿cómo dominar a los blancos y a los pardos? Era imposible por la fuerza; pero era posible por la astucia. De huraño que era, se hizo dúctil; de susceptible se convirtió en accesible, y apenas el primer amigo íntimo cometió la deslealtad anhelada de revelar a los otros que el pardo bastardo era poeta, sus iguales le rindieron pleito homenaje, y sus superiores vinieron a examinar aquel absurdo. En los unos, el orgullo de raza; en los otros, la generosidad forzada que reconoce a gritos el mérito que ya se ha hecho camino, produjeron una contienda de alabanzas que hicieron de *Plácido* el niño mimado de las dos ciudades que él, por su origen, enlazaba.

Matanzas enloqueció de alegría, y no hubo boda, festín, baile, velorio, cumpleaños, para el cual no se exigiera una poesía de *Plácido*. Los negros, los mulatos y los pardos le pagaban en afecto sus poesías. Los blancos se las pagaban en dinero, y hubo un ladrón español bastante hábil (*hábil*, que en mi lengua, es *pícaro*) para concluir por monopolizar aquella mina de octavas y de décimas, de la cual, como sucede con las minas, salía la fortuna del minero al par del agotamiento del venero.

Pero en tanto que su mina se agotaba y en tanto que la explotaba el español, Plácido vivía contento de su gloria y satisfecho del menguado provecho que de sus versos obtenía.

En este momento de la vida del poeta acaeció lo que debía acontecer. Se había familiarizado con el mundo; le daba la versatilidad de entendimiento que él exige; la viveza fugaz de pensamiento que reclama; la dócil voluntad que le agrada; la impersonalidad que le complace; la condescendencia que demanda para sus errores, sus vicios y sus deformidades; la flexibilidad que necesita para someter a todos los que aplaude, acaricia o engrandece, vivía en él consentido y consintiendo; riendo y parlando como todos; amando y desamando como todos; engañando, como los menos embusteros; desengañándose, como los menos pesimistas; corrompiéndose, como incauto adolescente; buscando la felicidad en el placer, como los tontos; buscando la fuerza en la artería, como los hábiles; contento del presente, como los contentadizos; incierto del porvenir, como todos los que no tienen un fin cierto en su existencia; y era feliz, porque era uno de tantos.

En esta afirmación no hay un sarcasmo: hay una estricta verdad de observación. La hoja, la arista, el átomo liviano que el viento recoge, eleva, arremolina, esparce, va con el viento donde el viento va: no le resiste, y, si perece, perece porque es perecedero, no por haber apresurado en la lucha su muerte. La planta, el árbol, el cuerpo que se arraiguen, resisten el huracán; el huracán los lleva; pero los lleva destrozados. Lo que es la naturaleza, es la sociedad. El hombre es feliz o es desgraciado, según que se deje llevar por los que van en grupo, o que se para en el camino contra el grupo.

Plácido se dejó llevar; aceptó el orden que existía; respetó lo que encontraba; transigió con aquella sociedad en donde el color esclavizaba y el crimen enloquecía, y el propietario de la tierra era huésped en su patria, y era señor el extranjero, y la palabra era un privilegio, y el pensamiento un atentado, y la conciencia una cárcel, y el derecho una osadía, y libertad fruto vedado, y la justicia un crucificado; olvidó en las satisfacciones de vanidad y de sentidos las ideas que la iniquidad había hecho germinar en su alma, y era feliz porque no luchaba, porque no se despedazaba en la lucha, porque iba adonde la corriente lo llevaba.

La destreza que había adquirido en su oficio de peinetero bastaba a su sustento; la gracia, ora sencilla, ora punzante, de sus composiciones poéticas, bastaba a su renombre; con los gajes de su oficio llenaba sus obligaciones; con el producto de sus versos satisfacía las necesidades superfluas que se había creado; y, vencedor de la miseria con su trabajo, vencedor del desprecio con su talento, se creía exento de necesidades más altas del espíritu.

Su educación era tan incompleta como es la educación casual que da la experiencia del mundo y de los hombres; su instrucción era tan fútil como es la instrucción que se adquiere en lecturas desordenadas; y, como no tenía tiempo para recogerse en sí mismo, porque no le dejaban tiempo ni solaz para hacerlo los multiplicados estímulos de su trabajo material y del placer, no meditaba ni en sí mismo ni en la naturaleza, ni en la vida, ni en la sociedad.

Hubiera podido meditar, y el rápido progreso que en días de angustia hizo su espíritu, lo hubiera preparado para el combate a que estaba destinado.

Hubiera podido meditar, y hubiera visto cuál era en aquel momento la situación de su país y de su raza; el deber que uno y otra imponían a su alma generosa; la diferencia que había entre ser uno de tantos, como era, y ser uno entre pocos, como merecía ser.

Entre 1838 y, que es el momento a que en la vida del poeta hemos llegado, habían acontecido dos sucesos que hubieran podido modificar la conducta de Plácido, si la meditación lo hubiera iluminado.

1835 fue el año en que el general español Lorenzo, gobernador del distrito oriental de Cuba, se rebeló contra la autoridad española de la Isla. Se rebeló en nombre de la Constitución española que el capitán general no había querido proclamar; se rebeló en nombre de intereses de partido meramente españoles; pero se rebeló, y el ejemplo era de suyo tan provocativo, que no hubo corazón cubano en cuyas fibras no resonara como un clamor de independencia aquella algarada de un liberal español disgustado.

En 1836, Cuba y Puerto Rico, que habían sido invitadas a las Cortes españolas, recibieron el ultraje más cobarde que podía hacerse a pueblos menospreciados. Argüelles y Olózaga, los dos omnipotentes de España en aquella época, temían o afectaban el temor de que, representadas las Antillas en las Cortes, sus diputados influyeran desde ellas para llamarlas a la revolución.

Esta necedad, que solo a eminencias políticas de España puede ocurrirse, se convirtió entonces en axioma. Como se ha convertido hoy en apotegma la afirmación hecha por Castelar, para cohonestar su innoble conducta con respecto a Cuba, de que la revolución cubana ha imposibilitado el triunfo de la república en España, entonces se convirtió en credo de todos los partidos la aseveración de los dos enemigos encubiertos de América. Eran omnipotentes y se hizo lo que quisieron, y los diputados de Cuba y Puerto Rico fueron expulsados de las Cortes so pretexto de que el Gobierna daría sus leyes especiales que, para consignar perpetuamente la iniquidad, se pusieron después, en la constitución de 1837, como precepto fundamental de la monarquía.

Estos sucesos, que habían conmovido a las Antillas, no hallaron eco o no dejaron huella en el espíritu de Plácido.

En tanto que las dos Islas desgraciadas maldecían a Isabel II, él la cantaba; mientras ellas vituperaban a Cristina prostituta, él celebraba las glorias de la reina madre. A los generales-gobernadores que Cuba culpaba de su opresión, él los ensalzaba en sus versos lisonjeros, y una gran parte de sus poesías está consagrada a rimar la adulación.

V

La luz brilla más cuanto más oscura es la noche que la ha precedido, y, lejos de rehuir nosotros la necesidad de estudiar el triste momento que en la vida del poeta-mártir estudiamos, nos complacemos en presentarlo en la completa realidad que conocemos. Cuanto más angustioso sea para la razón el examen de las debilidades de Plácido, más placentero será para la conciencia el progreso a que se elevó por sí misma aquella alma caída por un momento en el lodo que por todas partes la rodeaba.

Para juzgar una vida es necesario estudiarla en todos sus momentos. El progreso, el quietismo, la declinación, la recomposición de sus fuerzas son momentos necesarios de ella, y miente y hace un mal el que oculta el momento del quietismo y el de declinación, para hacer interesante una existencia. El interés de ella no nace del absurdo, y es absurdo suponer que un ser humano, aun cuando la misma omnipotencia le hubiera delegado sus funciones, puede realizarse en la vida humana de otro modo que conformándose a las leyes de la vida, a las condiciones del ser en este mundo, a las circunstancias que lo circunscriben en la sociedad.

Interesante, patética, admirable es la vida del hombre que, sujeto a un medio determinado y cohibido por él, se sobrepone a él, y se eleva por su propio esfuerzo, y se purifica por la acción espontánea de su conciencia.

Desde este punto de vista, la vida de *Plácido* es admirable. Fue débil porque el medio en que vivió lo oprimía; fue fuerte porque triunfó del medio opresor. Fue casi miserable porque pactó con la miseria moral que lo bloqueaba; fue un potentado del espíritu, porque se elevó por sí solo desde aquella degradación hasta la altura en donde su muerte y la última parte de su vida lo han situado.

Preferible, para él y para la posteridad, hubiera sido que se hubiese mantenido puro de las flaquezas que sus mismos rasgos de genialidad denuncian; pero también hubiera sido preferible que Cuba, para llegar al heroísmo que admiramos y bendeciremos mañana, no hubiera pasado por la disolución social en que ha vivido mientras ha sido española; en que vivía en la época de *Plácido*; que en éste como en otros ha dejado su huella cancerosa.

La Isla de Cuba estaba, mientras Plácido cantaba las glorias de Isabel y de Cristina, en la peor de las situaciones en que puede estar un pueblo esclavo: estaba contenta de su amo. Excepto los escogidos excepto aquellas almas refractarias a todo brillo falso, criollos y españoles, blancos y negros, pardos y mulatos, especuladores de sangre humana y honrados propietarios de los campos, todos estaban satisfechos. Se habían abierto las puertas de la Isla a la invasión de esclavos africanos y los capitanes generales, los generales-gobernadores, los empleados de la justicia y del gobierno, se enriquecían favoreciendo el tráfico negrero. Los agricultores centuplicaban el valor de sus tierras y cosechas, dando brazos a la agricultura. El comercio crecía con una fuerza que parecía maravillosa a los imbéciles que, incapaces de comprender lo que significan las Antillas en los fines históricos de América, solo podían comparar el progreso que veían con el desaliento que habían visto. Sus aduanas producían lo bastante para llenar el presupuesto de la Isla y mandar los codiciados sobrantes a la voraz metrópoli. Ésta estuvo contenta de su siempre fiel Isla de Cuba. Los españoles llovían sobre la Isla. Se deslizaban con ellos algunos extranjeros. La industria nacía, se formaba y se desarrollaba en un mismo momento. La reina de España sonreía. El gobierno de España sonreía. El gobierno colonial sonreía. Y aun el cielo y el mar y el campo y el egoísmo individual sonreían también; ¿qué extraño, por repugnante que sea, es que un alma tan alta como fue Plácido en su principio y en su fin cayera tan bajo en aquel momento?

No es extraño; pero es repugnante, y nosotros no podríamos leer sin invencibles repulsiones del estómago, las páginas consagradas por Plácido a enaltecer la indignidad; no podríamos leerlas sin desgarrarlas antes de leerlas, si no contribuyeran a hacernos más odioso el estado político, social, moral e intelectual de las Antillas, corrompidas por España.

En cuanto sirven para demostrar, por contraste, hasta qué punto se descomponían en aquella atmósfera infecta el sentimiento de la dignidad por la indignidad reinante; la noción de lo bueno y de lo justo, por el mal omnipotente y por la iniquidad procaz; el concepto del derecho individual y social por el desprecio de la autoridad hacia el derecho, por el abatimiento de la sociedad, por la fuerza del egoísmo individual; la abjuración de la libertad, por el instinto de seguridad; el orden moral, por el soborno de caracteres y conciencias; la moralidad intelectual, por el escepticismo, en cuanto sirven para demostrar la hedionda laceria que gangrenaba a aquella infortunada sociedad, aun no formada y ya postrada, aun no organizada y ya desorganizada, cadáver de un cuerpo no desarrollado, esqueleto de un muerto que no había vivido, infante contaminado desde el claustro materno por la mortal enfermedad de sus generadores, las páginas dedicadas por

Plácido a adular el mal circunstante, el vicio circunstante, la injusticia omnipotente, son preciosas. Con ellas en la mano, y sin otro dato que ellas y sin otro instrumento de análisis que la comparación de esos versos bochornosos con las demás poesías que constituyen la honra y la gloria del poeta, puede el hombre de espíritu elevado conocer la horrenda situación de las Antillas, odiarla, condenarla y maldecirla.

En las epidemias morales, como en las atmosféricas, los espíritus más sanos se contagian más pronto si no se preservan de la influencia deletérea. El odio virtuoso es el mejor preservativo contra las epidemias morales, y *Plácido* no sentía ese odio virtuoso.

Era joven, y transigía con los sentidos; era débil, y transigía con los fuertes; era bueno, y transigía con los malos; era artista, y transigía con la vanidad. Todas esas transacciones lo debilitaban; pasaba de un amor liviano a otro liviano; de un miedo de su impotencia social al mismo miedo; de una falsa idea de la bondad a un odio falso contra ella; de un sacrificio a su vanidad a otro sacrificio al amor propio pueril que constituye el genium irritabile de la irritable gente de letras y de arte; y entre despechos amorosos y despechos literarios, fabricando palabras contra necios o rimando palabras contra ingratas, adulando lo que instintivamente maldecía, maldiciéndolo que acababa de adular con versos aduladores, era resumen viviente del detestable momento de transición en que vivía, de la enferma sociedad que lo abortaba. La sociedad se moría de miedo de pensar, y él, como ella, ocultaba, para vivir, su pensamiento. El momento social era de adoración a los sentidos, de silencio de conciencia y de ruido de palabras, y él se abandonaba a la inmoralidad, ponía mordaza a su conciencia, y hablaba y hablaba, y más hablaba.

VI

Hablaba bien. Hasta las palabras que vendía a una señora del poder son elocuentes, y hay composición suya a las Mesalinas que ocupaban el trono de España y a las Claudias que ocupaban el trono de la Isla, que indignan por lo bellas, que irritan por lo inspiradas, que mortifican la conciencia por la conciencia estética con que están ejecutadas.

Hace ya mucho tiempo —todo el tiempo que tiene nuestro odio a las vanas apariencias, que detestamos el culto de las formas por las formas, y no cometeremos la crueldad de presentar como mérito de *Plácido* las vanas bellezas literarias que hoy punzarían su conciencia, que hoy le provocarían remordimientos intelectuales—. Quedan en el libro esas poesías para probar que el mal es más deforme cuanto más se engalana y se embellece.

El manzanillo es un árbol tropical. Su elegantísimo tronco, sus graciosas ramas, sus brillantes hojas, su flor encantadora, su espaciosa copa, deleitan la vista del botánico: su ciencia lo preserva de aquel árbol, porque en su sombra, en la savia de su tronco, de sus ramas y sus hojas y en el néctar de sus flores, solo hay muerte. Manzanillo es la sociedad colonial en las Antillas, y los frutos que a su sombra se recogen son de muerte. Las poesías de *Plácido* a los autores de aquella corrupción son venenosas.

Son, al contrario, saludables las poesías en que, dejando de ser poeta de la infamia, se sustrae del medio en que vive para ser hombre.

A mi amada

Mira, mi bien, cuán mustia y deshojada

Está con el calor aquella rosa
Que ayer brillante, fresca y olorosa,
Puse en tu blanca mano perfumada.

Dentro de poco tornárase en nada:
No verás en el mundo alguna cosa
Que a mudanza feliz o dolorosa
No se encuentre sujeta u obligada.

Sigue a las tempestades la bonanza,
Siguen al gusto el tedio y la tristeza;
Perdóname, que tenga desconfianza

Y dude de tu amor y tu terneza,
Que habiendo en todo el mundo tal mudanza,
¿Solo en tu corazón habrá firmeza?

Quiten los puristas y los gramáticos el italianismo y la incorrección que encontrarán en uno de esos versos, y digan los críticos si ese dulcísimo soneto no corresponde en fondo y forma al delicado pensamiento que poetiza, y digan los pensadores si el sencillo corazón que así latía hubiera sido capaz, en un medio social más puro, en una atmósfera más sana que la creada por la corrupción colonial en las Antillas, de las flaquezas que deforman la hermosa fisonomía moral del poeta mártir.

Los recuerdos más tiernos son aquellos que surgen en los momentos de endurecimiento de corazón. *Plácido* debió escribir esa poesía en los momentos en que lo colocamos: cuando ya la duda de sí mismo, creada por la inmoralidad de su conducta, la lejanía de su conciencia, el recuerdo de la blanca segadora *flores de cera*. Como es ella la aquí recordada con tristeza, es ella la acusada de fría en este otro soneto:

A una ingrata

¡Basta de amor! Si un tiempo te quería,
Ya se acabó mi juvenil locura,
Porque es, Celia, tu cándida hermosura
Como la nieve, deslumbrante y fría.
No encuentro en ti la extrema simpatía
Que ansiosa mi alma contemplar procura,
Ni a la sombra de la noche oscura,
Ni a la espléndida faz del claro día.
Amor no quiero como tú me amas,
Sorda a mis ayes, insensible al ruego;
Quiero de mirtos adornar con ramas
Un corazón que me idolatre ciego;
Quiero abrazar una mujer de llamas,
Quiero besar una mujer de fuego.

En tanto que los admiradores de hermosas formas admiran las de esos catorce versos y paladean la sensualidad que ellos respiran, notemos nosotros la influencia morbosa del medio social en el alma del poeta. Amó a la blanca segadora de flores y la consideró como un trapo, al ser amado. Volvió con la memoria hacia ella, y se asustó de seguir siendo amado cuando ya otros amores sensuales habían desvanecido su cariño; pero la busca, la solicita, la estimula, la irrita con su pasión, y cuando ella, fuerte en su afecto, se resiste, la acusa y la abandona.

El sentimiento es la facultad humana que más pronto se corrompe. Corrompida, se convierte en sensualidad. La sensualidad es el síntoma característico de la enfermedad social que se llama decrepitud. No pudiendo ser decrépita por sí misma una sociedad no formada, como es la sociedad de las Antillas y era la sociedad de Cuba en el período en que la presentamos, es claro que su decrepitud era transmitida. El estado moral de *Plácido*, sujeto a la influencia de la sensualidad, demuestra la enfermedad social que lo contagia; luego, es escrupulosamente exacto el juicio que, estudiando al poeta en este momento de su vida, hemos formado de la sociedad en que vivía.

VII

Hay en la colección de poesías que forman la obra del poeta pardo, unas cuantas composiciones de un género tan excepcional en el carácter eminentemente subjetivo de su concepción poética, que sería difícil explicar a qué momento de su vida corresponden, en qué momento de su obra se sitúan lógicamente, y cómo se produjeron en su vida y en su obra, si ésta no se explicara por aquéllas. Son sus fábulas.

Las tres de que vamos a valernos, mucho más para presentar en todas sus fases al hombre, que para hacer paladear en todas sus delicias al poeta, van a decir por sí mismas cuán lógicamente corresponden al momento en que estamos del poeta y cuán naturalmente se enlazan a su obra.

La fábula es un género de poesía intermedio entre la lírica y la satírica. Después de sentir su mundo interno, el poeta lo objetiva, y lo ve en la realidad del mundo y de la vida.

Subjetivamente, en el Yo individual, en el alma del poeta, era melancolía, tristeza, dolor, indignación, sollozo; y la concepción exclusivamente subjetiva e individual del mundo, de la vida, de las luchas morales e intelectuales de la época, había producido al poeta lírico.

Objetivamente, en el mundo, en la realidad, en vida, en la época, el mundo es lo que es, la vida lo que debe ser, la realidad es lo que debe esperarse del contraste de ideas, pasiones e intereses que la forman; y es la concepción objetiva de la época en que vive, hace del lírico un poeta satírico, que así será fabulista, moralista o elegíaco desesperado o satírico implacable, según sea la reflexión de la realidad en el sujeto y según que las cualidades nativas de éste propendan al orden o al desorden moral.

Fabulista, elegíaco o satírico, todo poeta que cultive uno de esos géneros, es un hombre que ha llevado en su alma un mundo que creyó superior al mundo real, y que, al ponerlo en contraste con éste, vio despedazado su ideal. Lo compara, lo llora o lo maldice; sonríe, lagrimea o protesta; afirma, vacila o niega, y se da el moralista que compendia en apólogos la sabiduría de la experiencia o el pesimista que vacía en cantos elegíacos su desconsuelo de la realidad, o el escéptico que modela en sátiras punzantes las maldiciones con que se defiende del vacío de su vida.

VIII

Plácido se hubiera conformado en el medio social en que vivía, si hubiera continuado cantando indiferentemente las emociones de su alma, tan ignorante de las modificaciones que en ella operaba el mundo que lo rodeaba, como de los errores, ridiculeces, vicios y deformidades con que, sin él saberlo, lo contaminaba aquel mundo que tantas atracciones había ejercido sobre él, que tantas repulsiones debía despertar en su raza. Había vivido de su vida propia, creyendo que lo imaginado, sentido, concebido y realizado por él era la realidad. Se había habituado a creer tan sencillo, como él era, aquel mundo que lo halagaba; tan desinteresada, como era su propia vida, aquella halagüeña acogida que le había hecho el mundo; tan incondicionales, como eran su abandono y su fe en el mundo, las alabanzas que le prodigaba éste, el olvido en que habían caído del origen oscuro y bastardo del poeta; y mientras lo creyó y halló conformidad entre él y el mundo no salió de sí mismo para examinar la realidad.

Pero, la realidad fue a él.

Ser pardo y atreverse a ser poeta; ser bastardo y atreverse por su talento a romper el valladar que ponen las desigualdades sociales al origen, es una osadía que, en el primer momento de sorpresa, podía disculparse y aun celebrarse; pero era imposible disculpar y tolerar que el aplauso arrancado por la sorpresa continuara autorizando aquel extravío de las leyes estrictas de la conveniencia, y, sordamente, como se forman las tempestades tropicales, fue formándose sobre la cabeza del poeta confiado la nube que debía fulminarlo.

Cuentan los biógrafos de Juan Pablo Federico Richter que, habiendo el virtuoso pensador contraído por economía la costumbre de usar larga la melena y cortado a la *Hamlet* el ropaje, S. M. el público del lugar en que vivía se indignó e hizo cuanto pudo por abrumar con su murmuración a Richter.

Resistió éste hasta que le fue imposible resistir. En la noche callada de un sábado, se hizo recortar la cabellera, rehízo a la usanza común el ropaje impopular, y puso en la puerta de su casa este aviso: «Juan Pablo Federico Richter tiene el honor de anunciar al respetable pueblo que mañana, domingo, se exhibirá sin melena y sin ropaje.»

Los colugareños del venerable pensador alemán son colugareños del mérito en todos los lugares de la tierra.

Es una ley que hasta en la vida animal y vegetal está vigente. Cuando el león se muestra benévolo, los cachorros lo arañan. El árbol sobresaliente de las montañas andinas es el más acariciado, apretado y sofocado por los «coiles».

Ni el «lingüe», ni el león, ni el hombre de mérito pueden vivir consentidos en la sociedad de las plantas, de las fieras y los hombres, sino a condición de que se dejen sofocar.

La primera percepción de esta tristísima verdad se manifiesta por su sentimiento de debilidad individual, tanto más activo cuanto más pasiva ha sido la confianza que inspiraba el mundo. Entonces, el confiado desconfía, el expansivo se recoge en sí mismo, mide su fuerza y la del mundo, nota la desigualdad, y en vez de luchar a cuerpo descubierto, se apercibe al combate de emboscadas. Es el momento de la sátira, de la maledicencia, de la ironía y del sarcasmo. Por un error en que el instinto de conservación tiene gran parte, la suma debilidad a que ese momento corresponde, parece a la imaginación alucinada que ha llegado al estado de fuerza, y nunca se cree más fuerte el que protesta ante el mundo, que cuando es más débil y más prueba su debilidad con su conducta.

La de *Plácido*, al notar que no se le perdonaba su talento, obedeció a ese común error de todos los repelidos por el medio en que están llamados a imponer su inteligencia, su ciencia o su carácter.

Los que entonces lo conocieron, me decían no hace mucho en Nueva York: «*Plácido* tenía llenos de ironías los labios, y su lengua era una daga.»

En donde ellos veían la fuerza, vi yo la debilidad: en donde ellos hallaban la prueba de su poder intelectual, encontraba yo la prueba de su impotencia social.

Plácido era impotente contra la sociedad, y hubiera empleado contra ella todos los alfileres del ingenio, todos los agujones de la sátira, todos los puñales del sarcasmo, si no hubiera empezado a verificarse en su alma la evolución que lo ha salvado para la posteridad.

Las fábulas corresponden a esa evolución.

En las tres que nos han servido para estudiarla, el poeta vale menos que el hombre; pero el hombre empieza a valer tanto, que ya alborea el carácter. Las exterioridades, que son el funesto criterio con que el mundo juzga los hombres y las cosas; los aduladores de la fortuna, numerosísima porción de humanidad que así aplaude los triunfos del mal como condena los desastres del bien; la vanidad soberbia, que atribuye a casualidades de la fortuna el mérito y el poder que solo alcanzan los esfuerzos reflexivos, son tres temas que glosa constantemente en su vida todo hombre que vive combatiendo.

Plácido los glosó en las tres fábulas que vamos a extractar. Nadie en su tiempo y en su medio pudo tal vez glosarlos con más intensidad de sentimiento.

Pesaba sobre él la maldición de su color, y vivía tanto más humillado cuanto más vivo era el sentimiento de su personalidad. El tributo que rinde toda sociedad a las exteriodades, lo condenaba al suplicio más doloroso que puede tener la dignidad individual; poeta, servía para algo, y lo utilizaban; pardo y bastardo no podía servir para nada, y, apenas utilizado, lo rechazaban.

De este martirio de la dignidad que en las sociedades constituidas sobre la desigualdad de clases, prepara y determina las colisiones sociales, hubiera podido surgir en *Plácido* un enemigo acérrimo de la sociedad: estaba anticipadamente disculpado; pero resultó un moralista. El esfuerzo de razón, la bondad de corazón, la elevación de alma que se necesita para arrojar el arma de combate y para despojarse del espíritu de venganza que germina lógicamente en toda dignidad sistemáticamente cohibida; la sucesión de ideas que preceden al moralista en todo hombre desasosegado por obstáculos insuperables; la lucha sorda que es necesario sostener consigo mismo para elevarse del estado de protesta al de benevolencia; la distancia inmensa que ha recorrido el espíritu desde que sorprende la primera iniquidad social hasta que la examina sonriendo y la perdona porque la razona, bastan para denotar un gran progreso individual.

Todo progreso en un individuo significa mejoramiento. *Plácido* no hubiera escrito la fábula en que, sonriendo plácidamente, condena el homenaje del mundo a las exterioridades, si no se hubiera mejorado, si no hubiera empezado a reaccionar contra el medio que lo sofocaba, si no hubiera llegado ya a tanta altura moral que pudiera contemplar su existencia, y sin amargura, los vicios sociales de que era víctima expiatoria.

Podía no irritarse, podía sonreírse, y en vez de vengarse, meditaba, y en vez de convertirse en enemigo, se elevaba al augusto puesto de maestro. Había desaparecido el poeta satírico y aparecía el fabulista.

Véase en qué sencillísimo molde ha vaciado

El garrafón de Juana:

Tiene Juana un garrafón
Forrado de fina paja,
Que con un paño de holán
Sacude a tarde y mañana.
...
...
Le adorna los días festivos,
Para realzar sus galas.
Con bellas moñas de cintas
Azules, rojas y blancas.
No sabe donde ponerlo;
Con él sueña, ríe, habla;
...

>...
> Quise saber qué misterio
> El favorito encerraba;
> Llego, destapo, le alzo,
> Mírole, y encuentro... ¡nada!
> ...
>
> ...
> La comparé con el mundo
> Porque inciensa y rinde parias
> Al hombre que ve cercado
> De la exterior pompa vana.
> Mas, si a examinar llegáis
> El interior de su alma,
> La hallaréis hueca, vacía,
> Como el garrafón de Juana.

A la protesta ha sucedido la reconvención; y es dulce, insinuante y persuasiva como todo estímulo hacia el bien.

IX

Si había alguien para quien fueran continua lección las alternativas del aprecio y del desprecio público, el elogio y la censura, del renombre y de la oscuridad, era aquel infeliz poeta pardo, encarcelado en medio de una sociedad *esclavista*, en donde los esclavos blancos se vengaban de su esclavitud haciendo más penosa la de los esclavos negros, y persiguiendo hasta la cuarta generación con la ley, con la burla, con la injusticia, con el aislamiento, al negro que se transformaba en mulato, en pardo, o en cuarterón.

Lentamente, minuto tras minuto, había estado destilando la gota de hiel sobre su alma. La gota de hiel cava conciencias, como la gota de agua cava piedras; y es un indicio inequívoco de fortaleza el que dio *Plácido* al presentarse tranquilo, impasible, imperturbable, más erguido cuanto más abatido, más fuerte cuanto más débil, más íntegro en su juicio y en su benevolencia cuanto más labrado y minado por la secreta acción de la injusticia, en la fábula que compendia alegóricamente una parte de su existencia.

Como el gallo vencido de su apólogo, él también fue vencedor. Entonces, los aplausos estruendosos; entonces, el olvido de su bastardía y el perdón de su color; entonces, las adulaciones en competencia, los halagos sofocantes, las ovaciones estrepitosas, las sonrisas de los grandes, la deferencia de los poderosos, la igualdad ante el talento.

Como el gallo de su apólogo, él también cayó vencido. ¿Por qué? nadie lo dijo. ¿Con qué justo motivo? nadie lo averiguó. Pero, estaba caído, y entonces surgieron de nuevo los recuerdos de su origen, las ironías punzantes, los sarcasmos sangrientos, las exterioridades recuperando su valor, las desigualdades imponiendo su injusticia.

Entonces también para el poeta, el descenso del ideal, el desvanecimiento de la ilusión, la clara aparición de la realidad, la dolorosa necesidad de analizarla, la sorda reconstrucción de sus ideas, el soliloquio sombrío, el sollozo apagado en la carcajada, la sátira mordaz desapareciendo ante la sonrisa benévola, la verdad desprendiéndose de la realidad, el hombre substituyendo al soñador y completando al poeta.

No hubiera éste expresado los trances de su lucha con la sonrisa en los labios y con el descuido que todos tenemos por las emociones, los actos y los pensamientos que han perdido su intensidad en la repetición, si la lucha hubiera sido más acerba: una fábula no basta para expresar un estado moral; una sonrisa socrática no basta para hacer eficaz una protesta contra un estado social. Pero la misma tibieza de la protesta, el mismo blando desdén de la sonrisa, demuestran la continuidad de la lucha y la fuerza de resistencia adquirida en ella. Por eso las buenas lecciones que da *Plácido* en sus fábulas, producen, tomadas con atención y reflexión, el efecto que en nuestra vida cotidiana experimentamos al ver en los labios de un hombre educado por el dolor y desgarrado por la lucha, la sonrisa benigna: ella es por sí sola protesta, acusación, condenación; pero condena, acusa y protesta con la infalible majestad del habituado a triunfar en la derrota. El único gran momento de Napoleón es, a mis ojos, el en que lentamente y cabizbajo, se retira de Waterloo. Meditar y razonar la caída, eso es lo grande en el Satanás de Malta y en los hombres de la Historia y de la vida.

Eso es lo que, a su modo, hace *Plácido* en

Los dos gallos

«Brinca-Cercas», un gallo valeroso,
Vencedor de las riñas más tremendas,
Hallóse cierta vez con «Trabucazo»
Que también valentón nombrado era.
A los primeros tiros, cayó herido
Con una pata menos «Brinca-Cercas».
Mandólo el amo levantar al punto,
Y ganó «Trabucazo» la pelea.
Cantó con arrogancia, escarbó el suelo,
Haciéndole al contrario larga befa.
Un mes tras otro fuéronse, hasta un año,
Volviéronse a encontrar por contingencia,
Y el primero le dijo: «Hola, *Trabuco*,
Mira hoy donde guardas la cabeza;
Porque solo que tu amo te la quite,
La podrás libertar de mis espuelas.»

«Menos palabras contestó *Trabuco*,
Pues si no escapaste en la otra fiesta,
Como te pique firme por la barba,
No te daré lugar a brincar cercas».
Abocáronse al fin los dos contrarios,
Y *Trabuco* empezó con tal braveza,
Que ya contó cumplir con su palabra
Y dijo para sí, «la cosa es hecha».
El bravo *Brinca-Cercas* le seguía,
Como el que está velando a quien lo vela,
Y cuando menos lo esperó, *Trabuco*
Cayó de un tiro desnucado en tierra.
Entonces en silencio se quedaron
Los que aplaudieron su primer pelea,
Y los que le llamaran invencible,
Hoy con placer al vencedor celebran,
¡Así pasan las cosas de este mundo!
Pendientes todas de fortuna ciega
El que hoy es victorioso y aplaudido,
Si es vencido mañana, le desprecian.

X

A Plácido le sucedía en el movimiento de sus fábulas, lo que al león con sus cachorros. Lo habían acariciado hasta que lograron ponerlo al alcance de sus garras. Entonces, lo desgarraron.

La idea de la fuerza moral es tan compleja, que ninguna sociedad la ha poseído jamás en su valor total; son muy pocos los individuos que en cada sociedad son capaces de conocerla. De esa casi imposibilidad social y de esa casi incapacidad individual, nace el dolor más intenso y acaso el más sublime de los dolores sublimes: el que experimenta un gran espíritu, fortalecido por el combate de la vida, fuerte en su razón y en su conciencia, al ver confundir con la debilidad las que son expresiones decisivas de su fuerza.

Ese dolor devoraba Plácido. Nunca había sido más fuerte que cuando, desposeyéndose voluntariamente de todas las exterioridades de la fuerza, y moralizando su pensamiento y su conducta social y literaria, ascendía del pesimismo al optimismo, progresaba de la sátira incisiva de sus conversaciones a la moraleja insinuante de sus fábulas, y, en vez de seguir devolviendo los golpes recibidos, desviaba serenamente al agresor y al golpe, sonreía con plácida amargura, y proseguía tranquilamente en su progreso.

De esto se trataba para él; y es un placer tan íntimo, una alegría tan intensa el progresar, el sentir el crecimiento del espíritu, el percibir la distancia recorrida, el medir las proporciones crecientes de nuestras facultades, el comparar el vigor intelectual y moral de ayer con el de hoy, el conocerse más fuerte hoy por ser mejor, el prepararse para ser mañana más fuerte y mejor que se es hoy; el dominarlo todo, accidente, casualidad, fuerza bruta de la vida, lógica brutal de los sucesos, por el dominio absoluto de sí mismo, que aún no teniendo perfecta conciencia de la evolución que en él se realizaba, *Plácido* encontraba en ella la fuerza necesaria para resistir al impulso grosero de la realidad.

Pero, cuanto más fuerte era en su espíritu, más desdeñaba las armas de combate, y más débil lo creían.

Fuertes y poderosos del mundo, débiles e impotentes del espíritu se ensañaron en él, y, contemplándolo desde la altura casual del nacimiento o de la posición social, se complacían en hacerle guardar la diferencia, y le humillaban.

Como la palma de su fábula, alto por sí mismo, sobresaliente por su propio mérito, *Plácido* había adquirido la estatura y la grandeza que corresponden a la savia de su vida, a la fuerza de sus facultades creadoras, en tanto que las rastreras habían necesitado del auxilio de la casualidad o del capricho de la fortuna para elevarse más que ella; pero, se habían elevado, y desde la altura de la casualidad o de la fortuna, contemplaban con menosprecio a la palma generosa.

Como *Plácido*, a quien representa, la palma, «como aquel que contesta sonriendo», se concreta a explicar la diferencia de nivel, y en tanto que la malva se esconde, la palma se dispone a recibir la alabanza de la naturaleza porque

> «A la vez asomaba el Sol radiante
> Decorando de grana el firmamento,
> Y el arroyo, las flores, y las aves
> Cantaron de la palma el vencimiento.»

El poeta podía hacer justiciera a la naturaleza, prometiéndose así para la muerte la justicia que en vida le negaban; pero, harto sabía, al escribir *La Palma y la Malva*, que es una fábula, la distribución de justicia entre los hombres, y uno de sus méritos es el haber prescindido de ella.

La fuerza verdadera es la que no cuenta jamás con el éxito. Mientras lo tuvo, Plácido fue débil. En el momento de sus fábulas es fuerte, porque ya es un mérito disputado y escarnecido, que es tanto mayor cuanto más lo disputan y lo escarnecen.

Seguro de sí mismo, puede ya sonreír sin combatir, y contar *sine ira et studio* su propia historia al referir la contienda de la palma con la malva:

> Una malva rastrera que medraba
> En la cumbre de un monte gigantesco
> Despreciando una palma que en el llano
> Leda ostentaba sus racimos bellos,

De este modo decía: «¿Qué te sirve
Ser gala de los campos y ornamento,
Que sean tus ramos de esmeralda plumas,
Y arrebatar con majestuoso aspecto?
¿De qué sirve que al verte retratada
En el limpio cristal de un arroyuelo,
Parezca que una estrella te decora,
Y que sacuda tu corona el viento;
Cuando yo, de quien nadie mención hace,
Bajo mis plantas tu cabeza tengo?»
La palma entonces remeció sus hojas,
Como aquel que contesta sonriendo,
Y la dijo: «Que un rayo me aniquile
Si no es verdad que lástima te tengo.
¿Te tienes por más grande, miserable,
Solo porque has nacido en alto puesto?
El lugar donde te hallas colocada
Es el grande, tú no; desde el soberbio
Monte do estás, no midas hasta el soto,
Mira lo que hay de tu cabeza al suelo.
Aunque ese monte crezca hasta el Olimpo,
Serás malva y no más, con todo eso.
Desengáñate, malva, no seas loca.»

Carlos Guido Spano

Mucho antes de 1871, la América latina sabía que, entre sus grandes poetas, uno de los más noblemente inspirados por el generoso patriotismo que no se limita a esta o aquella sección del Continente, era el que desde la «gran capital del Sud» — Buenos Aires—, había cantado con acento heroico las glorias de México invadido, y, con trágica ternura, la muerte temporal del Paraguay. Pero, solo cuando en 1871 se publicaron las poesías coleccionadas bajo el título de *Hojas al Viento* supo la patria latinoamericana que delicadísimo lírico tenía en CARLOS GUIDO, y qué nobilísimo hombre en el más ático de sus poetas renombrados.

Separando de ese libro de poesías unas cuantas del género erótico malsano, quedan un poeta y un hombre dignos del interés más cariñoso. Interesa el poeta, porque en él hay un hombre. Interesa el hombre, porque vida de él son los afectos tiernos, las delicadezas de sentimiento, las impulsiones generosas, los entusiasmos viriles, la nobleza de carácter que en toda su obra revela el poeta.

El hombre de ese libro es uno de los pocos que saben conservar la virtud más preciosa que tiene el sentimiento, la ternura, y el artista ha ungido con esa preciosa virtud algunas de sus creaciones más completas: *Nenia*, la composición más original de todo el libro, el canto de muerte más persuasivo que el sentimiento de justicia ha inspirado; *En los guindos*, dulcísima modulación del primer deseo; *Al pasar*, melancólica queja del recuerdo.

El hombre que hay detrás de ese libro tiene todas las delicadezas de la sensibilidad intacta, y el poeta la expresa en la mayor parte de sus concepciones; *A mi madre*, delicadísima expresión de aquel afecto filial que supera a la ley del tiempo, porque el tiempo ha contrastado las virtudes que elevan a la conciencia del hijo el afecto que la naturaleza inspiró en el niño; *A Frarçao Varella*, noble poetización de la amistad consciente; *A Nydia*, generosa imaginación o confesión del estado de lucha moral en que la pasión delusiva provoca despechos y venganzas.

El hombre que vive en esas poesías es siempre un primer impulso, el franco, el leal, el bueno, el impulso de la naturaleza insobornable, y el poeta da al hombre en todas y en cada una de sus inspiraciones. Inspíralo aquel sentimiento reverente que atrae y detiene en la inocencia, y preguntándose: *¿Por qué no decirlo?* cuenta lo que acaso por primera vez vaciló en decir. Inspíralo el recuerdo de una culpa, y es tan sincero, que deja de ser única la memoria de lo que hizo En el monte. Inspíralo sus entusiasmo hacia el más expansivo de los pueblos y entona el *¡Vítor por Francia!* aún después de saber que la esclavizadora de la victoria ha sucumbido.

Tal hombre es un entusiasta de lo bueno, de lo bello, de lo justo, y el poeta amolda en frases rítmicas los raptos indisciplinables del espíritu expansivo que lo guía. Entusiasta de lo bueno, el hombre, el poeta, se exalta dulcemente en el canto del hogar —*At Home*— se exalta varonilmente en el canto del trabajo *¡Adelante!* Entusiasta de lo bello, la naturaleza lo extasía en la *Aurora*, lo excita y lo transporta en la contemplación de la *Noche*. Entusiasta de lo justo, Paraguay, México, Cuba, le inspiran un himno de muerte, uno de indignación, uno de gloria.

Ese hombre es un carácter noble, y el poeta lo retrata noblemente en la dignidad de la frase, en la dignidad de los sentimientos que traduce, en la dignidad de las ideas que poetiza.

Esta consubstancialidad del sujeto y del artista es primer mérito de las poesías de Guido, y el carácter propio de su originalidad. Excepto *Nenia*, que es original en forma y fondo; la *Aurora*, que es original en la *manera*; la *Noche*, que es original en los conceptos —todas las poesías de ese libro han sido imaginadas, sentidas, pensadas, expresadas por todos los líricos de todos las tiempos—. Más aún: el autor tiene un ideal tan escrupulosa, que cuida más de la forma ática, que admira e imita con frecuente felicidad, que de la forma espontánea, libre, individual que podría y debería corresponder a su individualidad afectiva. Eso no obstante, a pesar del esmero del artista, a pesar del arte voluntario, reflexivo y concienzudo que hay en la mayor parte de la obra poética de CARLOS GUIDO, es él tan *él mismo* en las revelaciones de su alma tierna, generosa y noble, que hasta a los temas corrompidos por el uso y el abuso, impone el sello de su originalidad individual.

Un hombre bueno, benévolo, poseedor de muchas cualidades que pondera en otros, ALEJANDRO CARRASCO ALBANO, escritor y diplomático chileno, me decía, juzgando a CARLOS GUIDO: «Pero lo que más me admira en él es que haya conservado tan fresca la ternura que tan pronto se corrompe en nuestro tiempo».

En esa perspicaz observación está la mayor parte de la causa que explica la originalidad del querido poeta argentino. Es éste, mucho más que un pensamiento, una afectividad. No la han destruido los años reflexivos; no la han enfermado las realidades torpes de la vida; no la han envenenado las experiencias ponzoñosas; no la han adulterado los mismos abusos de la sensibilidad, ni aun los mismos excesos de la sensualidad lograrían corromperla —y ella, que con todas sus virtudes, todos sus candores, todas sus espontaneidades, impulsa el infatigable corazón del poeta, ella es la que ilumina con luz propia sus poesías.

Ella es también, la primitiva, la incontaminada afectividad del hombre bueno, conciliación de un contraste que parece inconciliable. *CARLOS GUIDO* no es latinoamericano, es ateniense; no es producto y coeficiente de la nueva civilización que no en vano se esfuerza en fundar el Nuevo Mundo —es un producto paleontológico de la cultura griega—. Es lo único que tiene de común con Leopardi, como él apasionado de las formas transparentes, como él primitivo en la expresión de los afectos eternos y universales del alma humana. Y, sin embargo, de este empeño por reproducir y resucitar las formas clásicas, y a pesar de ser contrario ese empeño al espíritu nuevo que, como a todas las formas de la civilización, ha traído el ideal del Nuevo Mundo a la poesía; sin embargo de eso, a pesar de eso, *GUIDO* es un poeta americano; es decir, *GUIDO* es un poeta que corresponde a la tendencia del alma americana.

¿Sondea lo pasado del mundo para alborozarse en la obra de lo presente con el triunfo de la razón humana, con las victorias de la ciencia cosmopolita, con la independencia de la conciencia universal? No.

¿Sondea el porvenir para anticiparse en él los méritos y las glorias que en él esperan a nuestros dos continentes? No.

¿Desciende al abismo del coloniaje para oponer a sus monstruosidades las esperanzas ya florecientes de la Independencia? No.

¿Busca inspiraciones en la pampa sagrada, custodia en que durante tres siglos se conservó escondido y se salvó escondido el carácter de su patria? No.

¿Indaga por qué en las majestuosas soledades de nuestros grandes ríos, de nuestros grandiosos cordones de montañas, de nuestros bosques primitivos, de nuestros primitivos arenales, nació y se bosquejó una libertad más racional que la suspirada por su pueblo favorito, y una democracia más positiva que la de su Hélade admirada y la de su Atenas suspirada? No.

¿Trata de encontrar en el tosco maderamen que envuelve la obra dolorosa de nuestra raza el plano del edificio que ella está llamada y obligada a edificar? No.

¿Ama en la mujer la razón menospreciada que es un deber americano libertar en la mujer como en el hombre? Ama la belleza, la sensibilidad y la bondad de la mujer.

¿Acaricia en el niño la razón naciente que el esfuerzo y la educación han de fortalecer contra el error, los intereses y las pasiones que son esclavitudes? Acaricia en el niño la gracia inmaculada.

¿Canta el trabajo redentor? Una vez.

¿Entona himnos a la familia? Subjetivamente; en cuanto hijo digno, en cuanto padre afectuoso, en cuanto hombre de buenos sentimientos —no en cuanto representante del continente que afirma su porvenir, su libertad, su emancipación moral e intelectual en la virtud libertadora y emancipadora del hogar.

¿Interpreta las bellezas de la naturaleza? Admirablemente; pero es la naturaleza vaga, enervante por convencional, no nuestra naturaleza característica, propia, americana, vigorizante por real y positiva.

Y ¿cómo absteniéndose de las ideas que individualmente y en conjunto constituyen el ideal de la iglesia americana, es *GUIDO* un poeta americano? Porque hace con el sentimiento lo que deja de hacer con el entendimiento. Siente tan intensamente todo lo que constituye el objetivo de nuestra poesía rudimental, como entiende y venera el ideal de la lírica clásica. Su concepto estético es del pasado; su sentimiento es del porvenir y del presente.

Hagamos el esfuerzo de separar al hombre del poeta para estimarlos mejor en el análisis.

I

El hombre, en su personalidad cotidiana, sorprendido en una de las calles de Buenos Aires, en la intimidad comunicativa de la confianza o en el abandono tranquilo de su hogar, es siempre el mismo.

Si al pasar afanosamente por una calle central de Buenos Aires se encuentra un hombre que parece viejo y es joven, o que parece joven y es viejo, cómodamente sumergido en una especie de balandrán, que por abajo le llega a los tobillos y por arriba le oprime el cuello, negligentemente agobiado bajo un sombrero de forma redonda y de amplísimas alas; tan negro en su traje y su sombrero como es blanco en su rostro insinuante; tan firme en su paso juvenil como parece débil por el enorme bastón en que se apoya —aquel a quien se describa el desusado personaje, exclamará inmediatamente—: ¡Carlos Guido!

Si estando en sociedad se ve entrar el mismo caprichoso personaje, siempre con su balandrán y su bastón, pero sombrero en mano, libre la despejada frente, en clara luz las delicadas y varoniles facciones, vivos los ojos, aguda la nariz, contorneada una boca femenina por un bigote blanquecino, y aguzado el rostro por una barba patriarcal, será preciso carecer hasta del instinto de las formas para no adivinar que en el contraste de aquella apariencia estrafalaria con aquella hermosa cabeza de poeta moderno y caballero antiguo, hay una personalidad interesante.

Si entrando en su aposento, se encuentra a GUIDO en el trapillo familiar, sin su disfraz de calle, sin aparato adverso o favorable, se encontrará un hombre de edad media, singularmente envejecido por no se atina qué motivos al parecer incapaces de mellar aquella vida risueña y saludable; perpetuamente rejuvenecido por el calor de la mirada, de la palabra y del fácil entusiasmo de su ambiciosa fantasía.

Cualesquiera que sean el momento y la ocasión, lo primero que se nota al hablar con GUIDO es la «armonía discordante» de su voz; varonil en la entonación, infantil en la modulación, produce un contraste agradabilísimo, tan atractivo como el producido por los efectos tónicos que se llaman discordancias armónicas en música.

Para el que tenga oídos en el entendimiento, esa virilidad de entonación opuesta al dulce candor de la modulación, es una nota del carácter del hombre. Vida madura en la razón, en la experiencia y en la lucha, tiene todas las propensio
nes, formas, modos y apariencias de la virilidad moral e intelectual. Sensibilidad continua, tiene todas las dulzuras, blanduras y delicadezas espontáneas de la infancia.

Después de esa primera sensación orgánica, experimenté, al oír a GUIDO, una sensación intelectual, una especie de espanto de razón, un como malestar del juicio recto. Dependerá quizá del hábito que tengo de pensar para indagar, de juzgar para afirmar verdades u oponerme a errores; dependerá tal vez del horror que, a toda ocasión y en cualquier momento, tengo a la palabra que me parece exclusivamente dirigida a matar tiempo o a lucir ingenio vano; dependerá, en fin, de la preferencia que, entre el silencio meditabundo y la palabra vagabunda, me he acostumbrado a dar siempre al silencio; dependa de lo que quiera, el hecho es que la conversación paradójica y la influencia inagotable de GUIDO me produjeron en los primeros momentos una extrañeza casi dolorosa. Mas, apenas adquirí el convencimiento de que aquella era una forma de su carácter intelectual, tanto como del moral, la contrariedad se convirtió en interés. Era sin duda un conversador (causeur del género francés), y un donoso conversador el que tenía delante; pero antes que un artífice de la palabra, era un carácter lo que en aquel contraste continuo de la lógica, en aquellas antítesis caprichosas, en aquellas paradojas estrambóticas veía.

Se distraía y distraía inocentemente; animaba y se animaba jovialmente; confesaba con la franqueza más candorosa su guerra a la lógica, su hostilidad al razonar severo, su complacencia en las tesis insostenibles; su pasión por la alegre gimnasia de la fantasía. ¿Qué tenía él de común con los sobornadores de juicio y de conciencia que deshonran la palabra obligándola por interés o por vanidad a dañar a la verdad, al bien, al amigo, al ausente, al débil o al temido? Hablaba porque su naturaleza expansiva lo quería, hablaba paradójicamente porque él era (y ojalá sea por mucho tiempo) una paradoja viviente. Hombre del siglo XIX por su educación, por su cultura, por sus hábitos intelectuales, por su cordial coparticipación en las tendencias más radicales del arte, la política y la sociabilidad de nuestro tiempo, es hombre de la antigüedad por sus inclinaciones poéticas y hombre de los siglos medios por su caballerosidad ansiosa. De no haber nacido en el siglo de Pericles (que él sabe perfectamente que fue también el siglo de Aspasia), hubiera querido nacer en el siglo de Petrarca (que él recuerda tristemente que fue el siglo de Laura), o en los tiempos en que Godofredo de Bouillón debía a su espada un trono, o en los tiempos heroicos de la América latina en que su digno abuelo consagró con su sangre la libertad de Chile (*La noble sangre de mi heroico abuelo*) o en que su generoso padre servía con la espada y con la pluma a la independencia de la Argentina y a la libertad de todo el continente.

Esta consanguinidad con hombres dignos de Plutarco, la costumbre de prescindir de las realidades triviales, el enfrenamiento de su actividad fantástica y sensitiva en épocas de pausada reconstrucción, en que hasta el arte de derramar sangre se ha convertido en una ciencia exacta, las contradictorias solicitaciones del pasado, presente y porvenir de la humanidad sobre su espíritu ¿qué habían de producir si no producían un poeta lírico y un paradojista?

Pero un paradojista amabilísimo. Pocas veces, si alguna, se ha dado en un descontento de su época una jovialidad más sana, una donosura más intelectual, más benévola, una ecuanimidad más contentadiza.

Cuando el Brasil se mancha en Paysandú y Uruguay necesita amigos fieles, GUIDO corre a Montevideo a ofrecerse a sus hermanos. Cuando su propia patria comete el formidable error de acompañar hasta la muerte del Paraguay al Imperio esclavista, GUIDO maneja airadamente la pluma del folletista y canta con desesperada ternura el mal que no ha podido remediar. Cuando Cuba clama auxilio, nadie tan impaciente como él por conseguirlo, y nadie más generosamente iracundo cuando ve que es imposible conseguirlo. Furor breve el de su alma, se amontonarán sobre ella las agitaciones tempestuosas de la indignación sorda, muda, voraz, demoledora, y todavía puede él ser la mejor compañía y el mejor consuelo de los que sufran iras más lentas que las suyas.

II

Si acaso hay quien necesite del espectáculo consolador de un espíritu tierno, ingenuo, candoroso, intacto, ahí está el libro lírico de CARLOS GUIDO SPANO. Como su alma es un libro abierto, su libro es un alma descubierta.

Desde la dedicatoria a su venerable padre, hasta la sublime composición a su madre veneranda; cuando llora a sus amigos ausentes para siempre, como cuando llora el infortunio injusto de un pueblo hermano; en sus delicadezas de enamorado, así como en sus leves indicios de amante; celoso o anhelante de venganza; satisfecho en su afecto y en su hogar; resignándose a comprender la belleza del trabajo como embelesado en la hermosura del mundo físico; imitando los poetas griegos o traduciendo a Lamartine, siempre ofrece el útil espectáculo de una alma buena, sencilla y generosa, cualquiera sea el estado en que se muestre.

Los que prefieran el artista al hombre y busquen el arte en la colección de poesías de GUIDO, descubrirán un artista de primer orden. Manipula la materia poética con una destreza igual a su cuidado, con una minuciosidad igual al talento con que oculta el esfuerzo que ha empleado. Tiene tanta facilidad para la rima como felicidad en la adopción del ritmo; tanta abundancia de palabra, como discreción para ser sobria; tanta diafanidad en los conceptos, como tiene color en la expresión. La lengua que habla es la que yo no he conseguido que llamemos colombiana: es decir, aquel castellano un poco arcaico a que nuestro Nuevo Mundo ha inspirado un nuevo espíritu; en el empleo del vocablo y en la construcción de la frase es muy castizo. Su estilo, por lo general fluido, casi nunca es verboso, y tiene concisiones admirables. Paladéese la del último verso de *Soñaba*:

> Jamás me dijo que me amaba; un día
> Que bajo un tilo en su jardín dormía
> Mi nombre entre suspiros pronunció:
> Yo la besé los labios rajos, ¡y ella
> Sin despertarse, coma nunca bella,
> De súbito mortal palideció!

Saboréese la de ese relato en dos estrofas cuyo último endecasílabo es un estudio fisiológico y un latigazo moral en tres palabras:

En el monte

Morena, desgreñada, con los ojos
Como ascuas ardientes y la boca
De cinabrio, su aspecto me provoca
De la sangre a los férvidos arrojos.
Azorada me huye entre el boscaje...
La alcanzo... desde entonces, si es de ira
O por amor, lo ignoro ella me — mira
Sombría, melancólica y salvaje.

Prefiramos el fondo a la forma, y sin saber el de las composiciones que reproducen afectos sexuales, busquemos *En los guindos* la ternura apasionada.

Tenía yo diez y ocho años —ella
Apenas diez y seis; rubia; rosada,
No es por cierto más fresca la alborada
Ni más viva una fúlgida centella.
Un día Adriana bella
Conmigo fue al vergel a coger fruta,
Y así como emprendimos nuestra ruta,
Absorto me fijé por vez primera,
¡Cuán atractiva y cuál hermosa era!
[Llevaba un sombrerillo
De paja, festoneado, con adornos
De flores de canela y de tomillo;
y realzando sus mórbidos contornos,
Un corpiño ajustado,
Saya corta, abultada, de distintas
Labores, hacia el uno y otro lado
Recogida con lazos de albas cintas.
Como nuestro paseo se alargaba,

Le ofrecí el brazo. ¡Me arrobé al sentirla
Que en él lánguidamente se apoyaba!]
Confuso y sin saber el qué decirla,
Me desasí — Trepéme a un alto guindo
Desde cuyo ramaje de esmeralda
El bello fruto ya en sazón la brindo,
Que ella con gracia recogió en la falda
¡Oh delicioso instante!
¡Oh secretos de amor! ¿cuál mi ventura
Podré pintar, mi sangre llameante,
Al ver desde la altura
Su seno palpitante,
Su voluptuosa y cándida hermosura?
[¿Acaso Adriana adivinó en mis ojos
el fuego interno que en mi alma ardía?
¿Ésa la causa fue de sus sonrojos?
—«Aquella guinda alcanza», me decía,
«Que está en la copa; agárrate a las ramas,
No vayas a caer». —«¿Y tú, si me amas,
Qué me darás?» —Bermeja cual las pomas
Que madura el estío en las laderas,
Contestó apercibiendo dos palomas
Blancas, ebrias de amor: —«Lo que tú quieras!»]

Encontremos, *Al pasar*, la ternura melancólica.

Sola en el campo, en la arruinada ermita,
A la trémula sombra de un almez,
Hermosa como Ruth la moabita,
Recuerdo que la vi la última vez.

[Lucía el traje villanesco, saya
Corta, listada, un lindo delantal

Festoneado con cintas, de anafaya,
Y la toca plegada, de percal.

¡En pocos años qué mudanza! apenas
Si pude conocerla ¡cuán gentil!
Más fresca que las níveas azucenas
En las mañanas límpidas de abril.

Tenía la cintura como un mimbre
Flexible y fina, el rostro angelical;
Su voz, su dulce voz, era de un timbre
Más suave que el canto del turpial.

¡Y sus ojos turquíes! Le brillaban
Con tan profundo y blando resplandor,
Que al parecer serenos reflejaban
Del cielo azul el nítido color.

¡Cuántas veces, de niña, las ramillas
Para el fuego juntando la encontré
Y cuántas en las mieses amarillas
Sus cabellos de oro acaricié!]

Al volverse hacia atrás y dar conmigo
No atinó a recordarme, se turbó;
Mas luego que le hablé, mi acento amigo
Sus recuerdos de infancia despertó.

«—¡Cómo! ¿sois vos? me dijo conmovida,
¡Vos aquí en la comarca!... ¿la salud
Sentís de nuevo acaso enflaquecida,
Y en procura volvéis de aire y quietud?»

«—No, Blanca, a otro país voy de camino:
No cual en otro tiempo, vuelvo aquí
Enfermo y fatigado peregrino
En busca de la calma que perdí.

Y bien lo siento a fe... ¡ah, quién me diera
Habitar otra vez el romeral,
Perderme entre la viña en la pradera,
Beber el agua virgen del raudal!»

No era ése el deseo caprichoso
Del que aspira a una efímera merced;
De olvido, de silencio, de reposo,
Sentía el alma la profunda sed.

Pregunté luego a la aldeana bella
Por su padre, que un día me acogió
Bajo su techo hospitalario, y ella
Contestó suspirando: —«¡Ya murió!»

—«¡Murió! ¿cuándo murió?» —«Cumplirá un año
Cuando empiecen las uvas a pintar;
Dios alejó al pastor de su rebaño,
¡Ah! si vierais, ¡desierto está el hogar!»

Yo estimaba a aquel hombre, franco, honrado,
De corazón ingenuo, sin doblez,
Allá en su juventud bravo soldado,
Vaquero y labrador en su vejez.

«¿De qué murió?» la dije. —«Estaba fuerte
Como el tronco que veis de ese abenuz;
¡Un día entre la mies le halló la muerte

En el sitio en que se alza aquella cruz!»

«—¿Y os dejó alguna hacienda?» —«Lo bastante
Para vivir, la casa y más, aquel
Molino que se ve blanquear distante,
Los bueyes, el sembrado y el vergel.»

«—¡Pobre! ¿Y tu madre?» —«Llora el día entero,
Si queréis verla os llevaré, venid,
Está allá abajo al canto del otero
A la sombra, tejiendo, de la vid.»

—«Es tarde ya», la contesté «y aún queda
Lejos la aldea adonde voy, a más
Temo afligirla; el cielo la conceda
El consuelo a sus penas, la dirás.»

—«Mas, al menos» repuso, los colores
Animándola el rostro, «aceptaréis
Del jardín de mi padre algunas flores
Plantadas por su mano ¿os negaréis?»

¡Y cómo resistir su voz tan pura,
Aquel dulce mirar, tanto candor!
Seguíla pues, dejando mi montura
Atada al tronco de un almendro en flor.

[Al punto en que a estrecharse el valle empieza
Hallábase la casa, al pie el jardín,
Donde entre ásperos brezos y maleza
Se enredaba a los mirtos el jazmín.

Ya en su recinto, Blanca, más ligera

Que una corza, con gracioso afán
A esas flores juntó la enredadera,
La violeta silvestre al arrayán.

Hízome un ramillete; sonrojada
Con infantil sonrisa me le dio;
Luego por una senda sombreada,
Del arroyo a la margen me llevó.

Sentámonos allí de la corriente
Al grato son; el céfiro fugaz
Murmuraba en los sauces; blandamente
Gemía en la hojarasca la torcaz.]

¡Fue en aquel sitio y bajo de aquel cielo
Que en esa alma limpia pude yo leer
La vaga agitación, el tierno anhelo,
Que despierta al amor en la mujer!

Como de miel dorada rebosante
De las vivas abejas el panal,
Derramaba su aroma refrescante
La flor de su inocencia virginal.

—«Quisiera ir a donde vais, quisiera
Conocer otras tierras», exclamó —
Vino aquí vez pasada una extranjera,
¡Oh, cuántas maravillas me contó!»

[Sombras de sueños vagos, el reflejo
De una esperanza indefinida vi
Sobre su frente, cristalino espejo
De un pensamiento ardiente y baladí.]

—«Blanca», la dije al levantarme —«habita
Aquí la paz; consérvate fiel
Al hogar de tus padres y bendita
Corra tu vida y venturosa en él.»

—«No volveréis?» —«¡Quién sabe! voy muy lejos...
¡Adiós! cuida a tu madre, que el amor
De los hijos la savia es de los viejos,
De la vida que muere último albor.»

[A tomar mi cabello juntos fuimos...
Lo que por mí pasó decir no sé,
Cuando una y otra vez nos despedimos
Y que en la casta frente la besé.]

Alejéme al galope; ya distante
La vista volví atrás... ¡estaba allí!
Su vestido de listas ondulante
A través del follaje distinguí.

¡Aquel fresco recuerdo de otros días,
Su imagen que jamás podré olvidar,
Se mezclan a esas vagas armonías
Que la vida acarician al pasar!

Impregnémonos de la ternura sombría, desgarradora, desesperada, patriótica, que solloza, gime y llora en *Nenia*. Esta poesía admirable, la más admirable expresión del dolor de una raza que, después de los *yarabíes* de los indios peruanos, bolivianos y ecuatorianos, conozco y he admirado; esa poesía original genuinamente americana, digna de la música de los yarabíes, es digna también de la memoria de todos cuantos tengan corazón americano. Consérvese en la memoria:

    Llora, llora, urutaú[1]

    En idioma guaraní,
    Una joven paraguaya,
    Tiernas endechas ensaya
    Cantando en el arpa así,
    En idioma guaraní:

    Llora, llora, urutaú
    En las ramas del yatay,[2]
    Ya no existe el Paraguay
    Donde nací como tú—
    ¡Llora, llora, urutaú!

    En el dulce Lambaré
    Feliz era en mi cabaña;
    Vino la guerra y su saña
    No ha dejado nada en pie
    ¡En el dulce Lambaré!
    Padre, madre, hermanos ¡ay!
    Todo en el mundo he perdido;
    En mi corazón partido
    Solo amargas penas hay—
    Padre, madre, hermanos ¡ay!

    De un verde ubiratipá,
    Mi novio que combatió
    Como un héroe en el Timbó,

1   Urutaú, ave de dulcísimo canto.
2   Yatay, Palmera.

¡Al pie sepultado está
De un verde ubiratipá!

Rasgado el blanco tipoy[3]
Tengo en señal de mi duelo,
Y en aquel sagrado suelo,
De rodillas siempre estoy
Rasgado el blanco tipoy.

Lo mataron los cambá[4]
No pudiéndolo rendir;
Él fue único en salir
De Curuçú y Humaitá—
¡Lo mataron los cambá!

¿Por qué, cielos, no morí
Cuando me estrechó triunfante
Entre sus brazos mi amante
Después de Curupaití?
¿Por qué, cielos, no morí?

¡Llora, llora, urutaú
En las ramas del yatay;
Ya no existe el Paraguay
Donde nací como tú!—
¡Llora, llora, urutaú!

Nada hay más digno de una madre que un hijo amante de su patria. Cuando la madre es hija de aquel heroico Spano que muere en Chile por la Independencia de todo un continente, es una ofrenda a la memoria de la matrona venerada el an-

3   Tipoy, saya blanca que usan las paraguayas.
4   Cambá, los negros.

teceder con esa elegía del patriotismo americano esta santa elegía del amor filial:

A mi madre

Una voz interior, un himno grave
Vibra en mi seno ¡oh madre! sin cesar,
Ora navegue en lago azul mi nave,
Ora con furia la quebrante el mar.

Inefable poema que no alcanza
Lengua mortal ninguna a traducir,
En que se alza pura tu alabanza,
Mirra celeste en urna de zafir,

Tu nombre, en sus conciertos repetido,
Se confunde a la esencia de mi ser,
Que de tu amor en la onda sumergido
Su savia siente y su vigor crecer.

¡Cuánto te debe mi cariño, oh cuánto!
De mi cándida fe fuiste el crisol;
Mi desnudez cubriste con tu manto,
Floreció nuestra viña al mismo Sol.

Ajenjo luego me ofreció el destino;
Mas, rico de tu afecto maternal,
Por escarpadas breñas, cristalino,
De mi existencia correrá el raudal.

Tú le alimentas; viva, centellante
Miras en él tu imagen resurgir,
Si lloras, se estremece sollozante;

Desborda alegre al verte sonreír.

En tanto, mi labor se esteriliza
En la marchita mies; la tempestad
El fruto de oro convirtió en ceniza,
La sombra amiga en densa oscuridad.

Pero mientras a tientas ando en ella,
Entre celajes firme ante la cruz,
Tú me apareces apacible estrella,
Y conforme es mi noche, así es tu luz.

En tal razón, un viento armonioso
Tráeme un suave frescor de la niñez;
Dame brío tu acento generoso,
Tu piedad, tu ternura, tu altivez.

Digna altivez; jamás el desconsuelo
Te abatió, ni la faz del opresor;
La noble sangre de mi heroico abuelo
Acrisola en tus venas su fervor.

En delicado cuerpo alma romana,
¿Quién te vio nunca el cuello doblegar
A la fortuna cruel, cuando inhumana
Vino a sentarse en el desierto hogar?

Tu voz nos animaba en lontananza,
En la derrota, en el pesar tu voz;
«Tened hijos, nos decías, confianza
En la virtud, la libertad y Dios.»

¡Madre! he salvado, aunque caído, entera

La fe inspirada en tan supremo bien,
Ciñan otros al fin de la carrera
Con la corona olímpica su sien;

Yo buscaré refugio en el santuario
De tu afecto sereno y cordial;
Como el humo de místico incensario
Remontará mi alma al ideal.

¡Cuántas veces amparo el fugitivo
Halló en tu casa, en medio el huracán
De la guerra, y con pecho compasivo
Le diste a un tiempo lágrimas y pan!

Bella en la juventud, otra belleza
Más augusta adquiriste con la edad:
La aureola de ingénita grandeza,
De la virtud la excelsa majestad.

¡Oh mil veces feliz haber nacido
De tal madre! ¿qué importa que el turbión
Derrocando a los fuertes haya hundido
Mi esperanza en el polvo y mi ambición?

Salvando el alma el círculo pequeño
De la vida, mi abismo sé medir;
Sé despreciar la vanidad del sueño
Que me pintó brillante el porvenir.

La fortuna no escoge sus privados,
Disputarla a menudo es vano afán
A la turba ruin de los menguados,
Que a su carro en tropel uncidos van.

Jamás quemé mi incienso en sus altares,
Ni a ídolos viles trémulo adoré;
Tuya es la miel que dan mis colmenares,
Para ti, dulce madre, la guardé.

¡Cosecha escasa a mi afanar! empero
Recogida con limpio corazón,
Que a manera de un címbalo de acero
Produce al golpe el repentino son.

La llama de tu ingenio en mí, oscilante
Me alumbra; mi agostada juventud
Aspira en sus ruinas humeante
El aroma vital de tu virtud

Allí tienes tu altar; modestas flores
Le adornan, que a la aurora recogí;
En sus gradas del tiempo a los rigores
Con nobles pensamientos me adormí.

En ti se encierra mi fruición, mi gloria;
Tu aplauso y nada más, ardiente ansié:
El templo de mi fama es tu memoria;
Mi prez, la flor que doblegó tu pie.

He tenido que moderar el anhelo de copiar íntegramente esa poesía. Los que hemos tenido la sagrada fruición de amar en vida y en muerte, con toda nuestra alma, con toda nuestra conciencia, la santidad de una existencia inmaculada, la belleza inefable de las virtudes maternales, la majestad original del alma humana hecha madre —hecha nuestra madre— hemos imaginado, hemos sentido, hemos pensado, hemos vivido esa poesía. Si los versos son de GUIDO, el afecto, el dolor, la reverencia, la religión del amor filial es de cuantos hemos conocido la felicidad que él llora perdida, que todos debemos considerar eterna, porque es la única que despierta en nosotros en la cuna, que se recoge con nosotros en la tumba.

Nueva York, 1874.

Guillermo Matta

Tenemos sobre la influencia de la poesía y de la literatura en la imaginación y en el carácter de los latinoamericanos, una opinión que importa resumir en dos palabras.

Opinamos que un pueblo de tanta imaginación como el nuestro, y sociedades de carácter tan inseguro todavía como las nuestras en toda la América latina, pierden de razón lo que ganan en fantasía, y disipan de sustancia o fondo lo que invierten en forma, con la casi exclusiva educación poética y literaria que reciben.

Tales cuales son hasta hoy, ni la poesía ni la literatura son educadoras; el gusto literario y la delicadeza sensitiva que desarrollan, buenos y convenientes en sí mismos como son, cuando sirven de complemento a una concienzuda educación de la razón, sirven de obstáculos a ésta cuando la antecede y la subyuga o la sucede bruscamente el culto de las formas.

Este culto, tempranamente desarrollado por la poesía y las bellas letras, antecede al cultivo de la razón, que debe preceder a todo y a toda educación. Subyuga a la razón, que debe dominar en todo individuo racional. Sucede a la razón cuyas operaciones esenciales se debilitan mucho antes que debieran, mientras que otras operaciones secundarias subsisten con inútil vigor y viveza peligrosa.

Todo esto acontece por un motivo natural; porque se subordina lo esencial a lo secundario, en vez de subordinarse lo secundario a lo esencial. Es (valga el ejemplo que nos amenaza), como si para poner en posesión de su destino a un pueblo dependiente, se le propusiera el pensamiento de su independencia, al dejar de verlo brillar con la luz prestada de otro pueblo poderoso. Habría tal vez un poder más, no un pueblo más. Teniendo las ideas que tenemos sobre la funesta inclinación de nuestras sociedades latinoamericanas por la literatura y la poesía, nada tiene de singular que, estimando concienzudamente a los poetas y a los literatos de la América latina, olvidemos mucho más fácilmente sus nombres y méritos brillantes, que méritos y nombres más silenciosos.

Así, cuando a poco de llegar a la Capital de Chile visitamos al eminente jefe del partido Radical, el señor Manuel Antonio Matta, y éste nos invitó a pasar al gabinete de estudio de su hermano Guillermo, nos fue necesario esforzar la memoria para saber claramente a quien íbamos a ver.

I

Íbamos a ver a uno de los hombres más delicados en sus maneras, más afables en su trato, más imponentes en su agradable figura.

Se nos presentó tal cual es y como siempre la hemos visto: un alma sana en un cuerpo sano; aspecto eminentemente atractivo y carácter eminentemente definido.

Es hombre suficientemente fuerte para necesitar de ardides que disimulen pasiones malvadas que ni tiene ni concibe, y como no tiene pliegues ni repliegues y se muestra francamente como es, como complace ver que es, desde el primer momento inspira interés afectuoso. Cuanto más se le conoce, más se le estima, porque se ve mejor cuán sólida base tienen las calidades exteriores.

La juventud lo idolatra, y aun cuando para merecer el entusiasmo cariñoso que inspira, no tuviera otro derecho que el de su incansable bondad con los jóvenes, y el constante esfuerzo en que vive por encaminarlos, con el ejemplo y el consejo, a todo lo que es digno, patriótico y honrado, sería bien adquirida su popularidad entre los jóvenes.

No es viejo, pero ha sido más joven de lo que es, y ha aprendido en la experiencia de sus años juveniles a perdonar pecados de sensibilidad, a imaginación de que, en la primera y en la segunda edad de la vida, dicen que no es todavía responsable la conciencia. No corrige, modera. No amonesta, persuade. No frunce el ceño para imponer, dilata los labios para sonreír; y jóvenes y adolescentes acuden a él como a la fuente viva de las inspiraciones de lo bueno. Muchas veces lo he escuchado en el espacioso gabinete de estudio en que hospeda y hermana las letras y las artes con las ciencias sociales y políticas, rodeado de jovenzuelos vivaces que, sin darse cuenta del sentimiento que experimentaban, se manifestaban asombrados del respeto que tenía por aquel hombre a quien con tanta familiaridad y con tan ingenuo abandono hacían confidente de sus cuitas, como partícipe de alegrías y descontentos, cooperador necesario de todas sus empresas literarias, políticas o científicas. Entraban los unos a pedir una recomendación; los otros a hacer una consulta; éste a sentarse, moverlo, sonreírle y levantarse; aquél a ostentar ante los otros un grado mayor de familiaridad; esotro a recibir inesperadamente y envuelta en una chanza cariñosa una paternal reconvención; todos a confortarse en la consigna viril que a todos daba. Salían tan orgullosos de su amigo y de sí mismos los adolescentes, que apenaba el discordar de él en algún punto del sistema que empleaba para guiar a la juventud. Guiábala y sigue guiándola hacia el bien, hacia la libertad, hacia el patriotismo reflexivo, hacia el libre pensamiento, hacia la verdad científica predicada por la poesía y por el arte, hacia la tolerancia de que es modelo viviente y sonriente. ¿Qué más se le puede exigir? Va con ella a la amena sociedad y le enseña prácticamente a respetar cariñosamente a la mujer, y a tratarla con reverente familiaridad. Va con ella al casino, y le llena de libros los estantes vacíos, y le enseña a respetar a los ausentes y a discutir sin disputar con los presentes. Va con ella a las sociedades benéficas de bomberos, y le da ejemplos de solicitud, para los bienes del extraño. Va con ella a las asociaciones de instrucción, y es el primero en predicar o aceptar innovaciones, coeficientes del progreso. Va con ella a todas partes, y en todas partes es el mismo benévolo guía, el mismo estímulo incesante de lo bueno, el mismo risueño amigo de la generación que sonríe el porvenir. ¿Qué sistema mejor puede exigírsele?

II

Este amigo de la juventud es también, como todos los que tienen ojos para ver el porvenir, amigo de la mujer.

Quiere para ella lo que deseamos cuantos tenemos por perfecto el mundo en que tan monstruosas desigualdades han creado los errores del pasado y los vicios del presente. La considera, antes que todo, como ser racional y pide para ella la educación racional que se debe a todos los seres de su especie. Sabe cuán fecunda influencia ejerce en las relaciones humanas y en la obra común de la civilización el sexo amable, y pide para él la educación científica que, emancipando del error a la mujer, le restituya los medios necesarios de influir en el progreso y en el perfeccionamiento de la vida humana.

En este punto como en el otro, prefiere la propaganda ejemplar a la didáctica. El estrado, las reuniones amenas de ambos sexos, la conversación íntima, su constante disposición a secundar toda tendencia de una idea a realizarse, le sirven para divulgar sencilla, ingenua, fluentemente, el principio a que se somete. La dignísima señorita Barros se atreve a pensar con Stuart Mil, y antepone a su traducción de la *Esclavitud de la mujer* un prólogo escrito con inesperada firmeza y con viva lucidez: Guillermo Matta la aplaude, la elogia, la celebra y opone a la vulgaridad escandalizada un entusiasmo razonado. Revela la respetable señora de Undurraga una generosa libertad de pensamiento en el discurso con que sostiene la tesis de la educación científica de la mujer, desarrollada en dos discursos de su propagandista, y Guillermo Matta aprueba con el calor que tiene para el bien. Se decide la muy estimada poetisa señora Orrego de Uribe, a publicar una Revista literaria, y el gran poeta colabora inmediatamente en la Revista. La amable señorita Donoso revela en una copia que hace de un cuadro de Rafael, aptitudes notorias para el arte, y el concienzudo admirador del arte la estimula.

III

Una facultad tan activa de percibir lo bueno, unida a un sentimiento arraigado de lo bello, no podía dejar de manifestarse lógicamente en las relaciones del hombre, así dotado, con su patria; y Matta ha sido, es y será siempre un excelente patriota. Lo fue con los últimos períodos revolucionarios de Chile, y estuvo como sigue, al lado del partido radical. La patria necesitó, en las incertidumbres de la guerra del Pacífico, una voz que repitiera los acentos ya olvidadas de los grandes días de la independencia y él, alternativamente tribuno y poeta, agitó con la voz de los grandes días el espíritu de sus compatriotas. La patria ha necesitado, en el largo día de trabajo a que se ha consagrado, un cantor del progreso pacífico, de la industria civilizadora, del arte libertador, y él ha cantado con varonil entusiasmo la paz por el progreso, la civilización por el trabajo, la libertad moral por el arte.

Sin entusiasmo por las luchas personales de la política al por menor, pero entusiasta de la libertad y de los grandes problemas sociales y políticos de que ella es solidaria, ha sido varias veces diputado, y siempre han estado su palabra y su voto en favor de la reforma.

La invasión de México planteó un problema de vida continental americano, y Guillermo Matta levantó la voz. Cuba está suscitando el más grave y el menos comprendido de los problemas continentales del Nuevo Mundo, y el noble poeta es uno de los fieles a la idea, uno de los previsores entusiastas, uno de los lógicos que quieren lo que deben.

El problema de ayer, de hoy y de mañana en toda la América latina es la unidad de acción, la comunidad de vida internacional en los pueblos y gobiernos latinoamericanos, y el tribuno y el poeta han aclamado con incansable fe la unión latinoamericana.

IV

Pero hay una faz de su carácter, la que constituye su generosidad poética, que resume en una serie de esfuerzos intelectuales, en su obra práctica de estos últimos tiempos, todo el hombre con todo su carácter.

En todas las secciones latinoamericanas, en Chile mismo, en su mismo hogar, en su propio hermano, el nobilísimo Manuel Antonio Matta, tiene Guillermo competidores eminentes de las varias aptitudes que hasta ahora hemos presentado como determinantes de las grandes cualidades que definen y enaltecen su carácter; pero en lo que no tiene competidores es en la tendencia que ha dado a la poesía, en el arte sincero con que la ha aplicado a las necesidades culminantes de su patria, al triunfo del espíritu nuevo, a la emancipación de la razón, al aumento de horizontes para el pensamiento humano.

Desde Goethe hasta Leopardi, desde Byron hasta Hugo, casi todos los reformadores de la poética contemporánea han intentado la reforma racionalizando la poesía, incluyendo en la idealidad indefinida elementos de realidad probada, subordinando las intemperancias más insensatas de la fantasía a algún objetivo positivo, dando a la expresión de afectos exclusivamente individuales algún motivo de razón que los ligara al movimiento y a la manifestación de los afectos comunes de la humanidad.

En esa tentativa de reforma (todavía rudimental), la naturaleza ha dejado de ser *estrella misteriosa*, flor hedionda u olorosa, espina, arroyo, casta Luna, mar furiosa etc., para ser lo que es en realidad: un conjunto de fenómenos que, como afectan con su continuidad a las facultades que indagan la verdad, operan con sus armonías y discordancias sobre las facultades que se deleitan en lo bello.

En esa tentativa de reforma poética, la humanidad ha dejado de ser un nombre genérico para ser la razón inmanente y permanente de todos los esfuerzos, orgánicos o mentales, en pro de la realización de los fines del ser humano en el planeta.

En esa tentativa el fin religioso ha dejado de ser el sentimiento enfermo de terror, una vez indiferente, fanático otra vez, ora supersticioso, ora cínico, para ser la expresión de aquella latente relación trascendental que casi todas las naturalezas poéticas patentizan más o menos fervientemente.

En esa tentativa, la libertad ha dejado de ser aquella descabellada plañidera que iba perpetuamente clamoreando su dolor tras el carro de algún pueblo asesinado por la tiranía, para ser la imponente personificación de la razón humana, que no llora al asesinado porque no está muerto, sino que lo vivifica con su luz y con su aliento, lo vigoriza con su savia, lo estimula con su aplauso y lo enseña a enterrar a quien quería enterrarlo.

En suma, esa tentativa ha correspondido en la poesía a la evolución intelectual y moral de nuestros tiempos, y vacilante como ella, contrasta con la poesía tradicional que tantos secuaces tiene todavía.

Pero si por corresponder a un movimiento universal del pensamiento humano, la tendencia poética de Guillermo Matta no es en sí misma original, lo es en su modo y en su objeto. El gran poeta chileno se ha propuesto utilizar el más persuasivo de todos los instrumentos intelectuales, el sentimiento, iniciándolo por medio de la forma, del ritmo, de la rima, del contraste de la armonía, en la verdad demostrada o demostrable, en el amor de la ciencia que puede demostrarla o la demuestra, en la adoración de la justicia que es como el imperativo de la verdad, en la reverencia del trabajo, la industria, el progreso, la civilización y de cuantas formas tiene en nuestro tiempo el ideal de la existencia humana.

Hacer esto y exclusivamente esto; no salirse jamás de esa esfera de actividad poética; ser a cada nuevo paso más completo y más decisivo en la reforma; hallar en cada motivo de afectividad individual un molde adecuado a la idea que persigue; encontrar en cada movimiento de la sociedad que contribuye a mejorar un motivo para hacerla reflexionar sobre su movimiento, y hacer todo esto con la mayor sencillez, la más contentadiza indiferencia por la crítica pueril impertinente —es a la vez que ser un poeta digno del nuevo mundo moral e intelectual que incuba en nuestro mundo material, un patriota, un propagandista de la verdad, y todo eso y más que todo eso, es ser un hombre que tiene un fin en su vida y lo realiza—. Feliz él.

He aquí una de sus más hermosas poesías:

En las montañas

I
¡Completa soledad! Lejos del mundo,
En tu seno magnífico y fecundo

Madre naturaleza, se alboroza
El espíritu, y ansias de infinito,
Ansias de eterno a tu contacto goza.
¿No eres tú la que horadas el granito,
¡Oh madre! y la que tomas en tus brazos
Selvas, nidos, torrentes,
Suaves orillas, ásperos ribazos;
Y entre plantas nacientes
Bulles con las aladas mariposas
Y vuelas con los tímidos jilgueros,
Flores que enredan animadas rosas,
Cantos que ligan ecos hechiceros?

II
¿No eres tú la que cruzas por ignotas
Sendas, el curvo valle, el campo extenso;
La que en el trigo, rubia espiga brotas,
Y sahumas las flores con tu incienso?
¿No eres tú la que en límpidos rocíos
Evaporas las nubes,
Y eres hoja en los árboles sombríos,
Y en el cóndor audaz, ala en que subes?
¡Tú estás en todas partes, por do quiera
Mis oídos te escuchan
Y mis ojos te ven, madre altanera,
En el viento y las ráfagas que luchan,
En la luz que en las cumbres reverbera
Y en el vuelo pujante
Del cóndor que, cerniéndose arrogante,
Vence y ocupa la anchurosa esfera!
Naturaleza augusta,
Tú eres la ciencia, tú eres el arcano
Que atrae o tienta al pensamiento humano;

Misterio en faz adusta
Que la razón admira y no comprende;
¡Inmensidad divina que no asusta,
Inmensidad grandiosa que no ofende!

III
Vosotras como grandes pensamientos
De agitado cerebro, habéis surgido
Del choque de contrarios elementos.
¡Montañas: en vosotras ha nacido
El hombre, y por declives y hondonadas.
Por mesetas y vastas soledades,
Con la mente escrutando las edades,
Tendió hacia el Universo sus miradas;
Sintió en las altas cumbres
El trueno de siniestras tempestades
Relampagueando en cárdenas vislumbres;
Y él, sereno, impasible,
Vio en las profundidades
Lo augusto, ese esplendor de lo invisible!

IV
¡Misteriosos arcanos!
¿En qué tiempo, esos valles, estos montes,
Emergieron de líquidos océanos?
¿En qué otros horizontes
Brillaron esos astros? ¿Qué colinas
Y qué árboles gigantes
Dieron sombra a las aves peregrinas,
Dieron paso a los búfalos errantes?
Una esencia de plantas ignoradas,
De inefables aromas,
Llega aquí en vaporosas bocanadas:
Flores ignotas, perfumadas gomas,

Azuladas neblinas de las lomas,
¿Qué traéis de esas épocas pasadas?
El alma de los siglos se respira
En esa brisa gárrula y suave
Que entre celajes con las nieblas gira,
Y es voz muda este acento
Que explicarse no sabe
El hombre, y como extraño monumento,
Petrificado en estas rocas mira.
¡En donde quiera, creación portento,
Inagotable savia te fecunda;
Nueva vida en sus círculos te inspira,
Te hincha de fuerzas y de amor te inunda!

V
¡Monumentales páginas de historia
Semejan estas rocas! ¡Han dejado
Impresa en esta biblia, su memoria
Los siglos del pasado!
Allí en esa corteza, en esa grama,
En ese arbusto que se encorva al lado;
En el volcán que inflama
El fuego, estremeciendo las alturas,
Y que refleja en púrpuras su llama
Por bosques y llanuras;
En todas partes veo
La mano de los siglos poderosa,
Patente en los collados y espesuras...
Naturaleza escribe, no reposa;
Y en roca, árbol y flor, su historia leo.

VI
¿Y qué es, ante esa vida, eterna vida,
La nuestra, esta existencia pasajera,

Por fatales deseos combatida,
Flor de la tumba y que la tumba espera?
¡Iris de blanca espuma,
Niebla suelta en los valles esparcida,
Luz muerta entre pliegues de la bruma!
Pero ¡ah! como vosotros admirables
Mundos remotos, estupendos soles;
Pero ¡ah! como vosotros inefables
Seres, que nutre en su alma prodigiosa
Madre naturaleza,
El hombre vive y crece,
Con vuestro amor su educación empieza,
Y su alma, estrella opaca y misteriosa,
Se ampara en esas leyes inmutables,
Y a ellas, como vosotras, obedece.
¿Qué es lo que muere? ¡Nada!
Es flor nueva ese germen que perece.
¿Qué es la muerte? ¡La vida transformada!

VII

¡Regocíjate espíritu! Conciencia
Del hombre, que meditas en la ciencia,
Disipa tus temores;
Si es un arcano el fin de la existencia,
No lo oscurezcan pérfidos errores.
¡Abra la inteligencia
Los ojos de la mente, y penetrando
En ti, naturaleza creadora,
Verdad siempre anhelando,
Suba a las cumbres para hallar la aurora!
De crédulas visiones,
De necias ilusiones
Aleja la pupila indagadora;
Estudia, piensa, observa

Dogmas, principios, causas, relaciones;
Emancipa a la idea redentora,
Despedaza sus vínculos de sierva;
¡Y hazte, razón, sublime con las grandes
Montañas que hoy visitas!...
¡Saluda a las regiones infinitas,
Espíritu, hazte cima con los Andes!

Nueva York, 1874.

Lo que no quiso el lírico quisqueyano

José Joaquín Pérez será tanto más estimado de sus compatriotas cuanto más se generalice entre ellos la capacidad de juzgar la sensibilidad poética y la facilidad de concepción y de composición del más nacional de sus poetas líricos. Como lírico, descuella en tres composiciones palpitantes: la *Oda a la Industria*; la *Elegía* a Salomé Ureña de Henríquez; la narracioncilla *El Mambí*. Cualquiera de esas tres composiciones dice de un verdadero poeta subjetivo: especialmente en el canto elegíaco a la poetisa muerta, hablan con tal fuerza del poeta la entonación general y las vibraciones del sentimiento personal, que solo medio ambiente faltó a la obra para ser considerada obra de arte.

Pero cuando se dice de José J. Pérez que es el más nacional de los líricos americanos se afirma a la vez una realidad, y se consigna una decepción.

Era tan nacional el lírico extinguido en estos días, que apenas se puede dar crédito al desencanto que se experimenta cuando en la obra del poeta no se encuentra lo que más se deseaba y esperaba: la expresión continua del sentimiento predominante en el alma del poeta.

De él se esperaba la obra lírica que mejor hubiera podido servirle para vaciar su corazón de quisqueyano, su conocimiento de la vida de Quisqueya, su entusiasmo por las cosas de su tierra, sus tristezas por los dolores de su tierra. De él se esperaba que, por nacionalismo, pasara de la lírica a la épica.

En realidad no era solo esperar el cumplimiento de una promesa tácita que, juntas, hicieran facultades afectivas o aptitudes intelectivas del poeta: era también una promesa expresa. Y hecha en dos formas complementarias una de otra. En forma de libro, como *Fantasías indígenas*; en forma de subtítulo de ese libro, cuando habla de colección de «Episodios y leyendas del Descubrimiento, Conquista y Colonización».

A eso a que él espontáneamente se llamaba en su obra juvenil, es precisamente a lo que estuvo llamándolo la expectativa de los que supieron descubrir en *Fantasías* la levadura de una obra metódica, reflexiva y progresiva.

Las dos aptitudes para tal obra de arte y patriotismo, desde *Fantasías indígenas* las mostró el poeta. Si las hubiera cultivado en una obra de esfuerzo reflexivo, habrían llegado a completo desarrollo y habríamos tenido no ya solo un poeta de vocación, sino un artista de eficaz y fecunda reflexión.

I

Con la sensibilidad que por la patria histórica y demótica, es decir, en cuanto vida y costumbres de la sociedad en que nació y vivió, y con la facilidad de composición métrica que siempre tuvo, José J. Pérez estaba en capacidad de dotar a las letras patrias con la obra que acaso es más capaz de cerrar el ciclo del primer estado y abrir el del segundo estado de la vida nacional.

Esa obra era el *Romancero de Quisqueya*. De los pocos moldes métricos con que ha atinado la poética española para dar forma precisa al sentimiento poético de la familia íberosemítica, que va heredando la lengua conglomerada de los pobladores de la Península habitada por tipos humanos y lingüísticos tan diferentes como los turanios de la falda occidental de los Pirineos, los arrianos de las márgenes españolas del Mediterráneo y los semitas arraigados en las costas oceánicas del Oeste, el romance es el más eficaz.

Es tan eficaz para moldear la expresión que esa familia literaria da a sus afectos y a sus conceptos, y a la apasionada y conceptuosa imaginación con que substituye la realidad de la vida, que lo que no le cabe en el romance, no le cabe en ninguna otra forma métrica. Tan exacta es la afirmación, que el único molde en que ha cabido la epopeya de esa familia, es el romance.

A él apelan espontáneamente los poetas oriundos de España cada vez que necesitan dar expresión a sus afectos nacionales, y así en la Península como en la América española, las pocas tentativas épicas que efectivamente corresponden al carácter nacional son las que tienen por molde el romance.

Lejos de ser desdeñado o considerado, como indiscretamente es, una forma métrica de poco arte, se debiera cultivar del modo más cuidadoso, y con la mira premeditada de vaciar en él la epopeya de toda la familia.

Es seguro que si José Joaquín hubiera unido a su capacidad para hacer magníficos romances, la idea de que ellos son el molde único de nuestra familia en la fábrica de lo bello nacional, en la idealización de la vida nacional, en la construcción del ideal poético de la familia étnica, habría llegado infaliblemente al romance de Quisqueya.

Tan llamado era a esa obra, que a veces la comienza del modo más inconsciente, y sin percibir siquiera que está fuera del molde. Así en *Fantasías indígenas*, que son un romancero malogrado, a cada paso despunta el romancero. Unas veces despunta en forma inadecuada; otras veces toma su forma nacional.

Cuando describe los cacicazgos aborígenes, que hubiera debido ser el segundo romance del *Romancero de Quisqueya*, tanto falta el molde a la idea poética, que instintivamente se van substituyendo las cuartetas con romances.

Cuando, al contrario, encierra en su molde natural la idea que ha de expresar, se manifiesta el consorcio de forma y

fondo que caracteriza la obra poética lograda. Así en *Anacaona*:
Si la retrata:

«Esbelta como junco de la orilla
De Ozama rumoroso, y sonrosada
Como esos caracoles que tapizan
El extenso arenal de nuestras playas...»

Si conserva para la posteridad poética su adiós:

«¡Melancólica reina del misterio!
¡Apacible Nonum! oye mi adiós,
Y en mis noches de largo cautiverio,
Mis lágrimas reflejen tu fulgor.»

En composiciones, como la dulce *Vaganiona*, que da ropaje poético a un consejo popular, la parte de la composición que ha entrado en molde es mucho más eficaz en su objetivo estético, y muchísimo más en su propósito nacional, que la parte, aunque bella, en que sale del molde métrico de la epopeya española:

«El indio de la montaña
Oye a veces en el viento
Profundísimo lamento
Que cruza la soledad...
Es que canta en la espesura
La doliente *Vaganiona*,
Cuando la tumba abandona
Do la encerrara su amor.»

Expresivos como son, esos versos concuerdan mucho menos con la idealización de la poética superstición metrificada por el vate, que estos fluentísimos versos de romance, que solo por conducto de ellos habrían concluido por llevar al oído y al corazón del pueblo la dulce superstición de *Vaganiona*:

«Un día llega en que la virgen
De las márgenes de Ocoa,
No recorre las colinas
De la selva rumorosa,
Ni con guirnaldas de flores
La cándida frente adorna,
Ni da al aura sus cantares,
Cuando el alba tornasola
Las nieblas de la mañana
Mensajeras de la aurora.
«En su cabaña la tarde
La sorprende silenciosa:
Palidecen sus mejillas,
Cubren su frente las sombras,
Y su sueño es intranquilo,
Porque cada leve hoja
Que sacude el soplo errante
De la noche, la acongoja,
Fingiéndole una plegaria
De tristísima memoria.
¡Ay! es que un amor perdido
La inocente *Vaganiona*
En el fondo de su alma
Infeliz recuerda y llora.»

Algunas veces, como en *El último cacique*, el contraste de lo bello realizado con lo bello meramente concebido, se manifiesta a vista de miope, como para probar palpablemente el malogro de fuerza poética que acarrea, en las composiciones poéticas de carácter nacional, el desdén o el olvido o el descuido de los poetas de nuestro origen que expresamente no cultivan el romance como la única forma métrica que es adecuada en nuestro idioma para reseñar y perpetuar nuestras ideas épicas.

El último cacique es una de las *Fantasías* más bellas de José Joaquín. Relato de un hecho lleno de dolor histórico; dibujo de un atleta moral que simboliza todos los anhelos, todas las zozobras, y, al fin, toda la desesperación de una raza perseguida; episodio final del siniestro poema de la Conquista, se ha impuesto al poeta, que le ha consagrado tiempo, espacio, esfuerzo y entusiasmo. En general, es una bella pieza; pero, en general, es una obra malograda. Lejos de concurrir a su efecto poético, la variedad de nombres y el alarde de riqueza metrofónica no han hecho otra cosa que debilitar la narración del hecho, la pintura del protagonista y la condenación de los consumadores del mal que el poeta ha querido encomendar a la memoria y al corazón de las generaciones justicieras.

Esa debilitación de esfuerzo y mérito se palpa. Basta oponer, exactamente como el poeta lo ha hecho, las robustas quintillas endecasílabas del exordio al facilísimo romance que retrata a *Cotubanama*: las quintillas son buenas; pero no son del molde; el romance, corriente como agua de su propio manantial, obtiene sin esfuerzo lo que las quintillas pretensoras no consiguen.

Dicen las quintillas:

«Nebuloso el crepúsculo vertía

Del ocaso, en su trémulo oscilar
Tibios reflejos de la luz del día,
Como postrera y lánguida agonía,
Sobre las ondas del cerúleo mar;

Cuando rústica, indígena *piragua*
Donde reina perenne confusión,
Va dividiendo con empuje el agua,
Dejando atrás las costas de *Iguayagua*,
Cual rápida, fugaz exhalación.

Tienen algo siniestro las miradas
De los que en ella amontonados van,
Y, al horizonte sin cesar clavadas,
De una isla las costas vislumbradas
Devoran con creciente y vivo afán.

¿Quiénes son los que así, desheredados
De su tierra natal, su patrio edén,
Lanzándose a la mar desesperados,
Se ven a los peligros condenados,
En pos quizá del inseguro bien?»

Dice el romance:

Bajo las palmas enhiestas
Del bosque, al vago rumor
De ese concierto sublime
Con que saludan a Dios
La agreste naturaleza
Y el humilde corazón;
En indolencia apacible,
Sin cuidado ni temor,

La *hamaca* de leves plumas
En su rústica mansión
Colgaba el indio inocente
De *Iguayagua* habitador.
Era esa tribu temida
De Quisqueya en la extensión,
Por su indómito coraje,
Si tendía el arco veloz.
Cuando al combate llamaba
Del *lambí* guerrero el son.
La tumba de Cayacoa,
Del opulento señor
Que en lides mil el primero
Fundó su dominación,
Siendo del feroz *caribe*
El constante triunfador,
Cantos de gloria perennes
Recibía en ovación,
Como una eterna memoria
De su inquebrantable ardor.
COTUBANAMA, el guerrero
Do gran prez, al que «el feroz»
Apellidaba el intruso
E inicuo conquistador,
El trono de los caciques
Ocupaba en la región
Vasta y rica de *Iguayagua*,
Paraíso seductor.
Último sagrado asilo
Que codicia el español.»

Si a todas las composiciones del volumen en que descansa la fama literaria de José Joaquín Pérez se aplicara la misma comparación crítica, de todas resaltaría la evidencia de que el romance es, para exponer en castellano el movimiento épico de nuestra familia nacional, el molde único. Y como Fantasías Indígenas son manifestaciones del sentimiento de la vida nacional, tal como lo experimentó un poeta de corazón y de talento, nada hubiera sido tan fácil para él como convertirlas en la epopeya popular del quisqueyano, vaciando en romances uniformes la materia épica que su obra contiene.

Cuando el agradecimiento que merece un bienhechor del alma de su pueblo, haya dado a José Joaquín el homenaje que él merece, se coleccionará toda su obra. Y entonces, por sobre composiciones posteriores muy superiores en sí mismas a las mejores de *Fantasías indígenas* descollarán las Fantasías, que fueron la promesa del *Romancero de Quisqueya*.

Santo Domingo, 1900.

José María Samper

Este inteligentísimo escritor es neogranadino; nada más sabemos de él, ni creemos necesario saber más. En toda manifestación intelectual hay siempre una parte del hombre, una exposición del individuo sensible, agente y pensante, y para inducir por su libro su carácter, basta leer atentamente el libro: no se tendrá al hombre completo, realizado o realizándose en el tiempo y en el espacio; pero se tendrá al hombre esencial, es decir, aquella unión, en un sujeto dado, de las fuerzas del alma que el tiempo, las circunstancias, el cuadro político y social en que se desenvuelven, modifican contraria o favorablemente.

Así, la atenta lectura del *Ensayo sobre las revoluciones políticas de las repúblicas colombianas* ha bastado para darnos a conocer en su autor, el señor Samper, un alma sensible a todo afecto generoso, una fantasía soñadora en los más puros ideales, un patriotismo perspicaz, y una inteligencia poderosa, dirigida por conocimientos sólidos y solicitada por las aspiraciones más dignas de la inteligencia.

El libro del escritor neogranadino es el germen completo de la historia de su patria. Desde el examen de las condiciones físicas y sociales del Nuevo Mundo, cuando arribó a sus playas el pensamiento del Antiguo, hasta la modificación que esas mismas condiciones han experimentado; desde el juicio severo, pero imparcial y sobrio, de la conquista y la colonización, hasta la prueba de que una y otra debían producir lo que después de tres siglos produjeron; desde la crítica de la revolución colonial, hasta la demostración terminante de que sus efectos han sido necesariamente modificados por el antecedente histórico; desde la censura y el elogio del pasado, hasta el elogio y la censura del presente; desde la confesión ingenua de los males de la actualidad, hasta la confianza racional en el porvenir de aquellas sociedades, todo lo comprende el *Ensayo*.

Escrito para protestar contra las torpes injusticias de la opinión de Europa —que por ignorancia absoluta del carácter de los pueblos latino-americanos— los juzga por apariencias necesarias sin indagar su origen, sin recordar la historia, sin meditar en las dificultades del problema político-social que están predestinadas a resolver esas nacientes sociedades —rebosa en generosa indignación, abunda en relámpagos de imaginación, está lleno de la vivacidad de afectos que mueve el patriotismo—. Pero en todas y en cada una de las partes de la obra, resplandece su idea generadora.

¿Cuál es ésta? Una muy obvia, que enuncia *a priori* la historia de la humanidad, que se deriva inmediatamente de la historia de esos pueblos, y que, desenvuelta *in extenso* o formulada compendiosamente, es siempre idéntica, a saber: «Las repúblicas latinoamericanas no pueden ser más de lo que son, ni son menos de lo que deben ser. Tienen una naturaleza virgen que dominar, y ningún pueblo ha sido capaz de dedicarse tranquila y útilmente a empresas más complejas, no teniendo terminada la empresa capital: hay una población múltiple que unificar, y ninguna sociedad es absolutamente tal en tanto que no es *una*: hay una tradición política que destruir, y nunca ha habido gobierno permanente en donde lucha el recuerdo de los unos con la aspiración de otros: hay, en suma, un fin histórico que determinar con absoluta precisión, y es imposible determinarlo hasta que el trabajo de formación social no esté acabado.»

Si la concisión no fuera casi siempre oscuridad, diríamos concisamente que en las sociedades colombianas el tiempo y el espacio están en lucha; lo hecho y lo posible, en disidencia; el fin y los medios, en combate. El tiempo ha sido breve, y el espacio es vasto; lo posible es la creación de una civilización poderosísima, y lo que se ha podido hacer no es un solo punto más de lo ya hecho; el fin histórico es altísimo, tal vez la constitución del lazo del progreso humano, y los medios son ineficaces.

Para la conquista por el hombre y el trabajo de un espacio de más de 5.500.000 millas cuadradas, no ha habido más tiempo que el brevísimo de menos de siete años: para la población de esa inmensa superficie, cuatro individuos por milla cuadrada: para la realización de lo posible, la imposibilidad de hacer en tan breve tiempo, con circunstancias sociales y políticas contrarias, la unificación de 8 idiomas en una lengua común, la fusión de los elementos etnográficos más distintos en toda la sucesión de los tiempos en una sola raza mixta: para la conquista del fin histórico reservado a esas sociedades, medios tan ineficaces como los empleados por el gobierno colonial.

Concretándonos a las tres repúblicas a que especialmente se refiere el escritor neogranadino, comparemos su superficie, su población, los elementos sociales y el tiempo de su existencia con circunstancias iguales en Europa, y la idea que someramente deducimos del estado de las repúblicas colombianas brillará con lucidez completa.

Las tres repúblicas reunidas tienen una superficie total de 8.000 millas cuadradas (245.000 Nueva Granada; 280.000 el Ecuador; 303.000 Venezuela): su población no llegará probablemente a 6 millones de habitantes: los elementos sociales son los más distintos; tres razas madres, indígena, europea, africana; tres subespecies, criollos, mestizos y mulatos; infinidad de subgéneros, desde los producidos por el cruzamiento de las razas madres con las derivadas, hasta los engendrados por la mezcla de las intermediarias: el tiempo de existencia de esas sociedades, el de tres siglos.

Busquemos en Europa tres Estados, en donde la superficie sea próximamente igual a la de estas repúblicas y cuyos elementos etnográficos conserven más clara la huella de fusión, y comparemos.

España, Francia y Austria reunidas, tienen una superficie de 485.900 millas cuadradas; una población de 90.000.000 de almas; unidad completa de razas, a pesar de haber sido los tres grandes palenques de las luchas etnográficas de Europa: el tiempo de su vida histórica se pierde en el principio de la Historia.

De esta comparación se deducen inmediatamente las siguientes consecuencias: España, Francia y Austria —las dos últimas, sobre todo— han sometido ya las fuerzas de la naturaleza a las del hombre, las fuerzas ciegas al esfuerzo reflexivo; sobre la variedad primitiva de las razas han fundado la unidad necesaria para la vida nacional; han simplificado el problema puramente social y están en el problema económico, estación a que solo se llega después de una marcha de siglos, y en alas de un progreso constante. Pero ¿han llegado al punto culminante en que se encuentran sin pasar por las estaciones intermedias, sin luchar y reluchar, sin caer y recaer? ¿Han tenido siempre España, Francia y Austria, la primera, la segunda 2 y la tercera 2 almas por milla cuadrada como hoy tienen? ¿Han tenido siempre la misma unidad etnográfica? No, porque no podían, porque toda su historia, como la de todo pueblo, no ha sido otra cosa que ocupación del espacio, utilización de sus fuerzas, dirección de sus medios a la mejor vida de la especie humana, y modificación, asimilación, unificación y, en una palabra, civilización del hombre. Para que éste realice ese trabajo complejo, penoso e inevitable, necesita tiempo, necesita siglos. Europa los ha tenido, América, no: ¿cómo, faltando a ésta ese elemento imprescindible, ha de haber realizado lo que aquélla?

Harto ha hecho, y tal vez ha hecho más de lo que debía esperarse.

Hay para ello una razón que le ha sido favorable y adversa a un mismo tiempo: Colombia (América meridional) ha llegado a la vida de la historia en el momento mismo en que el progreso humano, queriendo y debiendo dilatarse, rompía todas las ligaduras que le estacionaban en una zona circunscrita. América en un solo momento recibió toda la vida de los pueblos viejos, todas las ideas formadas y todas las aspiraciones por formarse de los siglos. Sociedad naciente, hasta entonces contenida, se abrió anhelosamente la irrupción. El esfuerzo, por demasiado expansivo, le hizo daño. Querer de un solo impulso pasar de la infancia la juventud, es quebrantar con peligro las leyes de la vida. El niño o el pueblo-infante que no muere al quebrantarlas, con solo no morir, anuncia una existencia poderosa.

Más que la ignorancia, la malevolencia ha dicho, comparando la América del Sud con la del Norte:

«¿Cómo es que ésta ha hecho lo que aquélla no ha podido?» Por una razón tan espontánea, que sale al encuentro de todo el que examina esa disparidad fenomenal entre las sociedades latinas y sajonas del Nuevo Continente: porque la antigua colonia inglesa ha vivido con vida completa desde que nació; porque no solo no ha sufrido repentinamente el choque de un progreso superior, sino que fue por sí misma un adelanto, la transmigración de un ideal proscripto desde Egipto hacia su tierra prometida...

Hecha abstracción del carácter absolutamente diferente que distingue a las colonizaciones por el trabajo de las colonizaciones por aniquilación y la conquista, ¿qué hubo de común entre las colonias españolas y la colonia inglesa que hiciera idénticos los resultados obtenidos en la una y en las otras?

¿Ocuparon los puritanos el inmenso espacio que se ofrecía a su actividad? No: más sabios (como guiados por el interés individual) que los conquistadores españoles, se situaron a orillas del Atlántico, y solo cuando lo hubieron poseído por completo, es decir, cuando el territorio que ocupaban estaba perfectamente dominado por el hombre, solo entonces se movieron, irradiaron de su foco de población a los extremos, al interior, al mediodía. Dotados por índole de raza de una fuerza de absorción poderosísima en vez de imitar a la raza ibérica, que estaba intentando asimilarse la población que había dominado, se aisló de todo contacto, rechazó toda mezcla, destruyó todo elemento etnográfico no afine, y simplificó de este modo el problema más penoso. No dando un paso sino cuando estaba segura de no tropezar y no caer, la colonia inglesa se poseía a sí misma, territorial, social, política y económicamente, cuando se emancipó. Lo demás, las maravillas, únicas en la historia, que ha dado en espectáculo al universo atónito, no han sido más que consecuencias naturales de aquel principio. La colonia era un pueblo, un verdadero pueblo: ¿es prodigioso que, Estados soberanos luego, hayan seguido siendo lo que eran en germen y en principio desde el siglo XVII?

Los aduladores del éxito se pasmarán cuanto quieran, y como siempre, no sabiendo alabar lo laudable sin buscar una desgracia en que indemnizarse del placer envidioso que lo más perfecto produce en sus ánimos, convertirán los ojos a las repúblicas colombianas, y un espectáculo distinto, tan mal comprendido como el otro, les inspirará torpes diatribas contra aquellos pueblos.

Que esas diatribas son injustas, hemos querido demostrarlo comparando el desenvolvimiento progresivo de las sociedades europeas y americanas: que son hijas de la ignorancia, es inútil probarlo. Los que así difaman a pueblos que de tal modo luchan por constituirse, que han llegado a su soberanía por esfuerzos prodigiosos, que han realizado en una convulsión transformaciones sociales y políticas en que pueblos formados han invertido siglos, los que así difaman una tarea de titanes, ya lo hemos dicho, merecen el desdén con que se paga toda adulación, porque son los aduladores de la fortuna.

Para nosotros, que creemos firmemente en el glorioso porvenir que espera el Nuevo Mundo, lo que sucede en las repúblicas de origen latino es seguridad de la esperanza que tiene el progreso humano en aquel futuro escenario de sus glorias.

Un fin capital tiene América que cumplir: la unidad de la civilización cosmopolita. Fines parciales, pero necesarios, son la unidad de las razas y la unidad política. Esto lo hace, lo está haciendo la América del Norte: lo otro debe realizarlo la América del Sud.

Obsérveselas desde este punto de vista, y las sociedades que inspiraron desconsuelo, inspirarán asombro.

Desde México hasta las pampas, no hay uno solo de los pueblos neolatinos que haya faltado a su destino, que no cumpla gloriosamente su tarea de fusión. Gracias a ella, gracias a los esfuerzos de esas sociedades, la raza detenida en su obra de civilización por otra civilización más poderosa, tomará su parte en la vida de la historia y será puesta en aptitud de dar al progreso universal los elementos propios, privativos de ella.

México, Perú, Chile y los pueblos de las orillas del Plata han producido ya, merced al trabajo de asimilación, caracteres etnográficos completamente desconocidos en la historia: el Paraguay ha creado, por la mezcla, una de las razas mixtas más poderosas: Nueva Granada, Ecuador y Venezuela han multiplicado las razas, produciendo caracteres tan interesantes como los que en el capítulo V de su libro describe profunda y pintorescamente José María Samper.

Si, como aseguran los etnógrafos, la aptitud de las razas para la civilización y el progreso está en razón directa de sus cruzamientos y sus mezclas —porque este no es trabajo de descomposición sino de recomposición, de formación de una en lo mejor de varias— el destino de la América Meridional se realizará con beneficio de la humanidad.

Esperemos, pues, y en vez de juzgar con indigna ligereza, contemplemos con veneración la ardua tarea de aquellos pueblos.

Barcelona, 1867.

Salomé Ureña de Henríquez

Esta poetisa dominicana, que habría sido la admiración y el orgullo de cualquiera sociedad antigua (porque las sociedades antiguas aprecian más y saben apreciar mejor que las nuevas a los cultivadores de la poesía y de las artes), nació en Santo Domingo, capital de la República Dominicana. Tendría a su muerte, ocurrida poco ha, unos años de edad. Esto quiere decir que vivió entre los azares, amarguras patrióticas y desalientos sociales que entristecen a las grandes almas en los períodos de luchas civiles.

Salomé Ureña de Henríquez vivió así: nació entre las guerras civiles que precedieron a la anexión y la guerra nacional que sucedió a la forzada anexión de Santo Domingo a España.

Así nacida entre dos luchas, creció entre otras mil, pues todo el periodo que media entre el triunfo de la independencia dominicana en 65, y el principio de la estabilidad política en 74, fue un lapso de continua agitación y de incesantes perturbaciones del orden público.

Después de este espacio de tiempo tan luctuoso, tan sangriento, la poetisa dominicana tuvo que vivir entre los halagos del progreso que tanto ambicionaba para su patria y el despecho que debía producirle el convencimiento de que el progreso alcanzado por su patria era tan desigual como el de casi todos los pueblos latinoamericanos: mucho progreso material y mucho retroceso moral; rápido progreso intelectual y lento progreso de libertad.

Por lo mismo que vivió en un tiempo tan triste, Salomé Ureña de Henríquez se formó un alma muy fuerte; y como tenía vocación poética, es mejor decir, como por naturaleza tenía la capacidad de dar formas expresivas a sus sentimientos, se fue haciendo —y educándose por sí misma— una gran personalidad moral y una grande artista de la palabra escrita.

Parece que desde temprano empezó a cultivar su talento poético, pues ya de años atrás lo revela en su composición a la Patria, uno de los poemas cortos más vibrantes de la lira contemporánea en nuestra América.

Pero cuando esta insigne poetisa desplegó su entusiasmo poético y cantó como una verdadera musa de la patria, con imponente tono y con solemne majestad, fue cuando su pobre patria empezó a convalecer un poco de la debilitante anarquía que la postraba. Esta convalecencia de la buena patria dominicana fue allá por los años de 1874, 1875 y 1876, años breves de esperanza, de buen gobierno, de efectiva libertad y de progresos. Desde entonces Salomé Ureña de Henríquez cantó todo lo que sentía la sociedad de que formaba parte; y lo cantó con tal fibra, con tal fuerza, con tal unción, que parece en sus versos la sacerdotisa del verdadero patriotismo.

Es una desgracia de nuestra América latina que sus pueblos vivan tan ignorados los unos de los otros, que apenas hay en Sudamérica (como no sea en Venezuela y Colombia, vecinas a Santo Domingo) quien sepa el nombre de esta nobilísima representante de todos los deseos puros, de todos los entusiasmos patrióticos, que son la esperanza común de cuantos aman el porvenir de nuestra América. Si no viviéramos en esa deplorada lejanía y aislamiento, el nombre de Salomé Ureña de Henríquez no solo sería familiar en todos nuestros pueblos, sino que sus poesías se habrían vulgarizado en todo el Continente. Pero, dicha sea la verdad, la poesía de esta poetisa no es de las que gusta al vulgo. Lenguaje severo, tono elevado, sentimientos profundos; y ninguna de estas cualidades son accesibles al vulgo en parte alguna.

Salomé Ureña de Henríquez no se contentó con ser poetisa y patriota de palabra, sino que puso en práctica su entusiasmo poético y su devoción patriótica, consagrándose en cuerpo y alma a la más triste y penosa de las funciones sociales, pero también a la más trascendental: se dedicó al magisterio.

Naturalmente, no había de ser una maestra vulgar, y tomó sobre sus hombros la tarea de ayudar a la reforma de la enseñanza que entonces se estaba efectuando con grandes penalidades del reformador. La reforma de la enseñanza aplicada a la de la mujer, dio útil y fructuosa ocupación a aquella noble alma tan ansiosa de bien para sus semejantes.

Gracias a la sinceridad de su enseñanza y al cariño realmente maternal con que trataba a sus discípulas, formó un discipulado tan adicto a ella y a sus doctrinas, que bien puede asegurarse que nunca, en parte alguna y en tan poco tiempo, se ha logrado reaccionar de una manera tan eficaz contra la mala educación tradicional de la mujer en nuestra América latina, y formar un grupo de mujeres más inteligentes, mejor instruidas y más dueñas de sí mismas, a la par que mejor conocedoras del destino de la mujer en la sociedad.

Además de poetisa y reformadora de la enseñanza, Salomé Ureña desempeñó otro alto ministerio: fue madre; y contribuyó este carácter a enaltecerla tanto, por lo altamente que desempeñó su misión de madre, que acaso no habría sido tan querida ni tan venerada por el pueblo, si no hubiera unido el sacerdocio de la maternidad al de la enseñanza y al de la poesía.

En nuestros pueblos, demasiado jóvenes todavía para apreciar a los que se consagran a las letras, a las ciencias y a las artes, es una verdadera maravilla que uno de ellos haya podido, sabido y querido estimar en vida y honrar en muerte a una mujer que se salió del trillo de la vida femenil. Por eso es tan honrosa para la República Dominicana su conducta en muerte y en vida con su inmortal poetisa.

En vida, a excepción de alguna que otra envidia, que aún los más modestos y los más hábiles en rehusarla no suelen esquivar, la poetisa y educadora de Santo Domingo gozó de las consideraciones que el mérito reclama de todos los que no llevan su envidia hasta la perversidad y la perversidad hasta la infamia.

En muerte, Salomé Ureña de Henríquez ha sido honrada del modo más sencillo, más digno y más patético, no por un pueblo que remedaba a otros pueblos, sino por una muchedumbre que lloraba.

La descripción del entierro de la poetisa quisqueyana enternece, estimula y edifica: casi se puede haber soportado la vida, con tal de morir entre corazones tan amigos.

Para honrar la memoria de esta noble mujer, que cuanto más sobreviva será más admirada por su patria, ya ha habido quien proponga tres cosas: la primera, establecer un Instituto Profesional con el nombre de Salomé Ureña de Henríquez, encargado de continuar su obra de reforma en la educación de la mujer; la segunda, la publicación de sus poesías; y la tercera... pero la tercera es un sueños de enfermos: ¡figúrense ustedes que es nada menos que hacer una patria a imagen y semejanza de los nobles sentimientos y de las altas ideas de la poetisa-patriota!

Las poesías de Salomé Ureña de Henríquez son todas del género lírico y de carácter eminentemente subjetivo; pero como el sujeto es una entidad de primer orden en cuanto dice relación a sentimientos nobles y a ideas generosas, la tarea de la poetisa dominicana abarca todos los tonos: el familiar, cuando hablan en ella los sentimientos de familia; el elevado, cuando hablan los nobles impulsos y deseos de la educadora;

y el tono de la indignación y del entusiasmo, cuando hablan ideas, sentimientos y aspiraciones patrióticas.

Indudablemente, lo más grande que hay en la poetisa dominicana es la fibra patriótica. Cuando se conozcan en América los cantos patrióticos de Salomé Ureña de Henríquez, no habrá nadie que les niegue la superioridad que tienen entre cualesquiera otros de la misma especie en nuestra América.

Algunas composiciones consagradas por ella a la educación de la mujer, compiten con sus poesías patrióticas en alteza de miras y en nobleza de expresión. Aunque no muchas, estas composiciones son muy notables y dignas de coleccionarse.

Los tributos poéticos de Salomé Ureña de Henríquez a los afectos, a los seres queridos, al hogar, a su digno esposo y a sus hijos, forman una serie de composiciones extraordinariamente subjetivas, pues todas juntas sugieren la certidumbre de que la poetisa era además una mujer; no hay ninguna de ellas que no sugiera algún sentimiento delicado, alguna recóndita sonrisa de complacencia, algún noble estímulo para la vida, alguna de esas tristezas reconfortantes que sirven de séquito, y a veces de ovación, al mérito moral e intelectual desconocido.

Libro de Américo Lugo

I

Hay dos trabajos de largo aliento que consagran el libro recién publicado por el señor Américo Lugo: uno de ellos —estudio de Derecho comparado— parangona las diferencias del estatuto personal francés y el estatuto personal dominicano; el otro, un breve tratado de la intervención en Derecho internacional.

De esas dos ramas de la jurisprudencia, a cual más interesante para la aplicación eficaz de la sociología a la reforma del Derecho positivo, hacen las circunstancias que una u otra sea más inmediatamente interesante según las exigencias de medio, tiempo y ocasión.

Por eso, si era importante en el tiempo en que apareció el estudio acerca del derecho el indagar cuáles eran en aquel momento los caracteres de ese derecho, no menos interesante para el mundo entero es hoy, cuando han acaecido actos de intervención tan nuevos como el llevado a cabo en Creta por las potencias europeas de primer orden, el realizado por los Estados Unidos en favor de Cuba, el intentado por las grandes potencias europeas con ayuda de la mayor potencia americana en China; la celebración del Congreso panamericano; la tendencia de la razón pública en Occidente hacia el empleo del arbitramento en los negocios de interés internacional y de trascendencia humana. El asunto, en lo que se refiere a la ya de hecho resuelta cuestión de Cuba, está muy bien tratado por el libro; tan bien, que su autor, como nosotros desearíamos, para así darle una prueba de confianza en su juicio, en su talento y su doctrina, podría seguir desarrollando el tema, con solo seguir cultivando una idea fecundísima que en la antigua Cátedra de *Derecho Constitucional* e Internacional se exponía, pero que aun no tiene en el mundo científico un número suficiente de paladines y propagandistas: esa idea es la de que, siendo evolutivo el Derecho, como por necesidad lo es toda y cualquiera actividad de la civilización, ha pasado sucesivamente, por desarrollo, por crecimiento, por adaptación, de estructuras embrionarias a organizaciones definidas; y ha realizado esa evolución no ya solo en cada una de las aplicaciones a la vida de las personas en el Derecho civil, con todas sus secuelas; a la vida de los grupos sociales, en el Derecho político y en el administrativo; a la vida de internación o vida de relación de las naciones, en el Derecho internacional público y privado, sino que ha evolucionado desde Derecho personal al nacional, y desde ellos al Derecho de Gentes. A consecuencia o en seguimiento lógico de su desenvolvimiento, el Derecho actúa en las relaciones internacionales como antes lo había hecho en las relaciones del Estado con la Sociedad, y como primitivamente lo hacía en las relaciones de las personas entre sí. Así, por ejemplo, y para patentizar la importancia que ante el estudio sistemático de los problemas de Derecho tiene el tratadito de la intervención que estamos apreciando, en la estructura primera del Derecho aparece la intervención como una de las instituciones complementarias del derecho de las personas en el arbitramento obligatorio que ya tiene andada la mayor porción de su camino en la Nueva Zelanda; como una extensión de la función de árbitros, en la llamada política de compromisos, de la familia anglosajona, especialmente la variedad americana; como una adaptación del principio de compromiso político y de arbitramento civil, en la Ley de las naciones. Sin tiempo ni espacio más que para desflorar los asuntos de que trata el libro del señor Lugo, basten las indicaciones del carácter serio que tiene uno de los temas que hemos escogido para patentizar la seriedad del libro.

Veamos ahora, en el mismo libro, otros temas que brillan más por el arte del bien decir.

II

Si no hubiéramos suprimido deliberadamente las demografías ejemplares, reproduciríamos íntegra la porción más elocuente del artículo con que empieza su libro el señor Lugo. Mas, como nos iba pareciendo infructuosa la tristeza que tal vez solo a nosotros mismos nos procurábamos con esas demografías, y dejamos de tomar los tristes datos que suministra la prensa del país, seríamos inconsecuentes con nosotros mismos, si reprodujéramos el retrato del pueblo dominicano que hace uno de sus mejores hijos. Por el afecto filial, que palpita en ese trabajo que es a la vez un acto de devoción a las principios y un acto de devoción a su país, agrega a la elocuencia de las ideas la de los sentimientos elevados.

El señor Lugo es un joven tan juicioso, que ni a sus gustos personales ni a las malas tendencias literarias de su medio social ha dado suelta en sus escritos. Por eso su estilo es sencillo, y no tiene nada de retórica su elocución. Así es cómo, tanto en el precitado como en los demás escritos que citemos, es de notar que el movimiento, la viveza, la elocuencia, resultan de la correspondencia entre la forma clausular de su estilo y la precisión de sus ideas; y no la producen en modo alguno, exceso de palabras y defecto de ideas, periodicidad y ampulosidad de estilo: de estos defectos en que con razón ven los españoles de la nueva España naciente (los Posada, los Unamuno, los Dorado), una de las expresiones de la decadencia literaria, moral y social de España, exento, por su juicio y buen gusto, está el autor de la defensa de S. Williams.

Y eso que en la concepción paradójica y en la demostración, necesariamente por antítesis, que el abogado utiliza en su alegato, había ocasión para retórica sin suma. Sin embargo, es sobrio: a punto, que bien pediría el tema un nuevo desarrollo, y en dos formas igualmente útiles al Derecho: la una, desde el punto de vista del derecho de penar; la otra desde el punto de vista de la organización de la justicia penal.

Ese escrito, tan interesante como suele ser lo original, no interesará tanto a los lectores antillanos como las oraciones *pro Cuba*. Las tres que aquí se consideran —vista ya de paso la que especialmente dedica al derecho de intervención— son las composiciones más animadas del libro, por ser las más sentidas. Son como brotes de un injerto en que aparecen en concordia los dos generadores: dominicano de los mejores por la cultura, la doctrina y la razón, habla como cubano de los buenos. En la hora de la contienda de Cuba con España, debieron ser de efecto muy eficaz esas elocuentes versiones de doctrina.

Naturalmente, para quien esto escribe, no es un libro de recopilación como el que da, sino una obra de exposición de doctrina social, como la que puede dar el señor Lugo, lo que puede complacerle. Así y todo, recopilación que contiene lo ya dicho, ya valdría aunque no contuviera la biografía de G. Billini, que es una de las más felices casualidades que pueden ocurrir a un escritor. Éste, sin tiempo para preparar su relato de una vida interesante e instructiva, escribe las notas en que él cree que podía fundarse ese relato. Y cuando escribe la última nota, ha escrito una biografía completa, clara, precisa, atractiva y convincente. Así deberían ser, para ser buenos, los relatos de vidas memorables.

Santo Domingo, 1901.

La historia de Quisqueya

I

La Historia no es drama, y es mejor que drama. Por más que para la pluralidad de los historiadores antiguos, modernos, contemporáneos y coetáneos, no se haya tratado de otra cosa que de narrar la actividad militar de pueblos y naciones, la historia tiene un objetivo, un fin más alto que la relación cronológica de triunfos y conquistas, catástrofes y extorsiones. Tiene por objetivo el señalamiento del desarrollo orgánico, moral e intelectual a que ha llegado un pueblo cualquiera, o todos los pueblos de la tierra. En este último caso, historia universal; en el otro, particular. Particular o general, toda narración de hechos históricos se refiere necesariamente a la vida sentida, pensada y realizada, de una fracción de especie humana o de ella toda. Por lo tanto, no hay verdadera historia cuando se narra exclusivamente lo hecho por hombres para triunfar de otros hombres, y solo hay verdadera historia cuando se relatan todos los esfuerzos de un pueblo o nación o raza para asegurar su vida, desarrollar su entendimiento y complacer su sensibilidad, bien sean esfuerzos de brazo, de corazón o de cabeza, o lo que tanto vale, de trabajo muscular, moral o mental.

Mas, aunque desde Aristóteles, y hasta puede afirmarse, desde el mismo Herodoto, la simple razón común bastó para hacer comprender que la historia no podía reducirse a la narración parcial de los hechos consumados por este o aquel afortunado fundador o destructor de pueblos, por este o aquel imperio poderoso, por ésta o aquélla raza dominante, el entusiasmo y la adulación fueron poco a poco concretando el objeto de la historia a la relación artificiosa de las grandezas atribuidas a los conquistadores, guerreros, monarcas y demás usurpadores de libertades y derechos. Y si se trataba de la historia universal, se historiaban las guerras, conquistas, victorias, vencimientos y catástrofes, personificando triunfos y derrotas, crecimientos y decadencias, en Dios, *Señor de los ejércitos*, cuando se trataba del pueblo de Israel; o en alguno de sus delegados, desde Moisés hasta el último de los Macabeos; en Cheops, Mris o Sesostris, si se trataba de Egipto; en Sardanápalo, Ciro o Darío, si se historiaba la fundación o la disolución de los imperios fundados, destruidos y refundidos en la supuesta cuna y en las cercanías de la supuesta cuna de la especie humana. Para esos historiadores, no hay más *Grecia* que la triunfante en Maratón y Salamina, ni otros griegos que Milcíades, Temístocles, Pericles y Alcibíades, aunque, gracias a la historia de la filosofía, y sobre todo, a Plutarco, a Diógenes Laercio, y al latín obligatorio de Cornelio Nepote, se han salvado del olvido los nombres de los capitanes de la libertad, Epaminondas, Pelópidas y Filopemen; la biografía de los tres legisladores, Licurgo Dracón y Solón; el recuerdo de Homero, Hesíodo, Píndaro y Tirteo, la pasión trágica de Safo, el resplandor glorioso de Platón y Aristóteles, y la memoria augusta de Sócrates. Esa historia que solo se fija en las grandes batallas y en los grandes nombres, o más bien, en los nombres ruidosos de los grandes batalladores, es la que no conoce a Macedonia sino cuando aparece Filipo, más bien que como diestro político, como precursor necesario de su hijo, Alejandro; la que no conoce de los escitas, sino unas cuantas anécdotas; la que solo se acuerda de la India, cuando el conquistador Macedónico penetra en ella; la que reduce a la ciudad de Roma toda la historia del Lacio, y al nombre de Aníbal, toda la historia de Fenicia y de Cartago, su colonia; la que de todo el fecundo período de la lucha social, no exhuma otros hechos que los personificados en los dos Gracos y en Espartaco; la que ignora absolutamente la existencia de aquel hormiguero de pueblos que llama *bárbaros del Norte*, cuando bloquean a Roma, y absorben al mundo antiguo, y regeneran con su savia juvenil la sociedad decrépita, y la modifican con nuevas costumbres, y la transforman con su principio nuevo, el individualismo, generación espontánea del derecho de todo ser al ser completo, en que había de fundarse la única verdadera libertad, la derivada del derecho, y la única democracia verdadera, la cimentada en el derecho de todos, en la libertad de todos, en la aptitud de todos para gobernarse y administrar sin trabas ni privilegios sus intereses.

Si no hubiera sido por Vico que, desentendiéndose de la historia aduladora o entusiasta, supo no ver otra cosa que símbolos, alegorías y apoteosis en los orígenes de Roma; y que de un solo examen de razón echó por tierra todas las cabezas coronadas de Roma primitiva, viendo usurpadores y bandidos en donde la tradición orgullosa había visto una ordenada sucesión de hechuras del derecho divino; si no hubiera sido por Vico, la tradición caprichosa hubiera impuesto sus leyendas como historia de todos los orígenes de los pueblos, y acaso no se hubiera ocurrido a nadie hasta el siglo XIX o quizás el anterior, ver que en esa exposición del desarrollo de la vida de la humanidad, como en esencia es la historia, todos los hechos históricos de todo tiempo y lugar habían por fuerza de corresponder a la naturaleza del ser que los producía, y que pues era, es y será hombre el productor de los hechos que constituyen la historia, al hombre en todas sus manifestaciones tenía ella que referirse, y no tan solo a su actividad brutal, y mucho menos a la brutalidad genial de tales o cuales monstruos brotados de la profundidad del Asia, como Atila y Gengiskan, o de la oscuridad de Macedonia, como Filipo y Alejandro, o de la podredumbre de Roma imperial, como Nerón y aun más Tiberio, o de las pasiones de una sociedad, como Napoleón, o de las monstruosidades de la hipocresía, como Felipe II o del fanatismo de un propósito, como Gustavo Adolfo, o de la personificación de una barbarie como Rosas y otros cien adalides del salvajismo victorioso en muchas sociedades de la América latina.

Teniendo la historia que referirse a todas las manifestaciones del ser humano, solo es bueno y exacto aquel relato histórico que comprende todo lo sentido, pensado y realizado por la sociedad a que se refiere. En ese sentido, la crónica indigesta de algunos reinados de España, Francia, Nápoles, etc., es superior a la mayor parte de las Historias Universales, generales y particulares que corren en manos de escolares y de indoctos, porque, al menos, dan una idea completa, aunque la den desordenada, del estado social, moral y mental de la época que abarcan. Sirvan de ejemplo las «Memorias del duque de Saint-Simon», que no son en realidad otra cosa que la crónica del reinado de Luis XIV. Ningún historiador, incluso Voltaire, ha conseguido presentar tan viva, tan exacta, tan fotográficamente, a aquel rey-estómago llamado rey-Sol; a aquella familia real, que era pura grosería y sensualismo; aquellos cortesanos orgullosos, que eran mera espina dorsal siempre encorvada; aquellos *genios* literarios y artísticos que, a fuero de cortesanos, no supieron elevarse casi nunca a hombres; aquel pueblo entero que, estando nada más que a dos reinados de la gran Revolución, solo sabía estar arrodillado.

Aun así, no es el palaciego despechado de Luis XIV, el mejor historiador; pero entre él, que azota a un endiosado, y Thiers, que en volúmenes magníficos endiosa a un corruptor de su país, Saint-Simon es mejor historiador, pues se mantiene en la realidad de la naturaleza humana, que el endiosador de Napoleón viola, adultera violenta y desencamina. Los hombres de Saint-Simon son muchísimo más hombres que los *genios* de Thiers. Con las Memorias del uno se reacciona contra el *Consulado y el Imperio* del otro. El libro del uno, enseña a ser digno; el otro, a ser indigno. ¿Cuál de los dos será mejor historia? El primero, porque, independientemente del estudio de los hechos, corresponde con mayor exactitud a la verdad moral, que es el fondo necesario de la historia particular o general.

Estas desordenadas reflexiones que por desordenadas convienen al ingenuo correr de la pluma en los escritos de periódicos, convienen también al examen que nos proponemos hacer de la *Historia de Santo Domingo* que el señor José Gabriel García ha publicado y esperamos que completará.

II

El señor José Gabriel García no ha seguido el triste procedimiento que acabamos de censurar. Sus *Memorias* y su *Compendio* de la *Historia de Santo Domingo* obedecen a un criterio más elevado y desarrollan un concepto más racional de la historia. En las *Memorias*, como ciudadano, y en el *Compendio*, como guía de la juventud, ha abarcado un horizonte de mayor extensión.

Esto es tanto más loable, cuanto que, fundador como puede considerársele de los estudios históricos en su patria, ha sentado un precedente que consultarán con fruto los que continúen su patriótica tarea y que harán de la historia de Quisqueya un todo menos inconexo y más completo que sería la historia patria, si él hubiera empezado por reducirlo a la narración de hechos dramáticos.

No faltan, por cierto, en sus trabajos: que el dolor ha sido patrimonio de esta tierra miseranda, y desde el día mismo en que se reveló a Colón hasta el día en que se disputa la autenticidad de los restos de Colón, el pueblo autóctono y el pueblo transplantado han tenido que regar con lágrimas y sangre el suelo risueño de la patria. Mas, si era posible prescindir del drama en la vida luctuosa y en la siempre sangrienta sucesión de tiempos que median entre el pueblo ya cadáver que agotó su existencia en el primer momento de la historia de la Isla, y el pueblo aun no nacido que, para darse por efectivamente nacido, necesita afirmar definitivamente la existencia que propios y extraños le disputan, el historiador de Quisqueya no ha concedido al movimiento dramático y a la actividad militante de los actores que se han sucedido en el escenario de la Isla, más narración que la indispensablemente necesaria.

Descritas están por él en las *Memorias*, y a veces perfectamente dialogadas en el *Compendio*; allí, las patéticas escenas del primer momento histórico de la Isla; aquí todas las peripecias de las cinco primeras épocas que abarca la primera parte del *Compendio*. No por eso ha excluido el relato, y, cuando el relato le ha parecido inabordable, la mención de cuantos sucesos del orden religioso, político social e intelectual contribuyen al conocimiento histórico porque constituyen en realidad la vida que ha llevado en Quisqueya la porción de humanidad que ha substituido, en esta parte del territorio de la Isla, a aquella otra desventurada porción de humanidad en cuyo recuerdo no se fija la memoria sin que palpite indignado el corazón.

Prueba de este minucioso investigar —todos los estados por que ha pasado el pueblo quisqueyano—[5] es la segunda de las épocas en que el autor considera dividida la historia de su patria. En los ciento sesenta y cuatro años muertos que corresponden a esa época, oscura como la Edad Me-

---

5 ¿Por qué no se ha de llegar de una vez al nombre verdadero de los habitantes de este pedazo de la Isla? Santo Domingo no ha sido nunca, sino por corruptela, el nombre de esta porción de la isla; y por lo tanto, nunca han debido llamarse dominicanos sus habitantes. Y puesto que hay que buscar un nombre, el mejor es el indígena.

dia, verdadera Edad Media de las sociedades constituidas en América por la conquista y organizadas por el coloniaje, en esa primera era colonial, todo quedaría reducido a paréntesis, a verdadero epitafio, a mera consignación de que «aquí vivió (vegetó) una fracción de la raza ibérica», si no fuera por la afortunada diligencia con que, no contentándose con la colisión de las dos colonias, la conquistadora y la intrusa (única peripecia que con las invasiones marítimas altera en Quisqueya la paz sepulcral del coloniaje), ha buscado y encontrado el autor los documentos de una vida un poco menos vegetativa que la hecha por nuestra raza siempre que no esté batallando y destruyendo.

En este período, en el no menos oscuro de las guerras de principios, sostenidos por los doctrinarios monárquicos de esta parte con los doctrinarios republicanos de la otra parte de la Isla, en todas y cada una de las épocas que comprende el *Compendio* publicado, es verdaderamente rico caudal el de noticias de todo orden, y positivamente digna de alabanza la busca paciente de datos que revela el trabajo del señor García.

Cuando se reflexiona en las dificultades que, no ya por números, sino por masas, se presentan al investigador en un país cuya agitada vida se muestra, particularmente, en la misma escasez de documentos y de datos que las continuas tribulaciones de la sociedad han hecho desaparecer o dispersado; cuando se piensa en la diligencia que ha tenido que emplear, en lo pequeño y en lo grande, quien, para redactar la historia de un país convulsivo como éste, de seguro habrá tenido que acudir personalmente, y para la mayor parte de los hechos contemporáneos, a la fuente viva de la tradición, la ancianidad olvidadiza; cuando, en fin, se reflexiona en la tarea de descomposición y recomposición de datos que es necesario realizar antes de considerar exacto el suministrado por la memoria y la voz de más de uno, es preciso rendir homenaje de profunda y verdadera estimación al capaz de arrostrar tales obstáculos y de superarlos para poner en manos de sus conciudadanos la narración verídica de la vida vivida por la patria común.

Por nuestra parte, tan efectiva es la estimación que tributamos a esa benemérita tarea, que ni siquiera nos hemos detenido a preguntarnos si es defectuosa la obra del señor García. Acostumbrados a reparar de una ojeada los defectos de obras y de hombres, por lo fácil de la tarea, la desdeñamos; y así como, en nuestra vida cotidiana estamos por encima de la pobrísima pasión de los censores callejeros de conductas, así, en presencia de obras de entendimiento, abandonamos a los espulgadores el trabajo de espulgar defectos.

Santo Domingo, 1880.

El Instituto Nacional de Chile

Si el autor de *Los primeros años del instituto*, al continuar ahora su tarea, hubiera querido dejar de ser cronista para ser historiador, habría hecho a la ciencia social el servicio que ha prestado a la historia narrativa.

Con ahorrar un poco del muchísimo trabajo que se ha impuesto para acopiar materiales, y con dejar correr pensamiento y pluma, que, a las veces, se muestran descontentos del freno que los sujeta, el circunspecto escritor que probablemente heredará el estilo y la manera literaria, como ha heredado el nombre, el talento y las cualidades sociales de Miguel Luis Amunátegui, habría satisfecho a los que vemos en la historia la materia prima de la sociología.

Esa historia del Instituto Nacional de Chile es un testigo mudo de la correlación que existe entre el desarrollo de la más querida institución docente de Chile y el desarrollo de la política y del carácter de la nación.

Es más: no se podrá escribir la historia filosófica, ni aun la historia crítica del desenvolvimiento político y moral de Chile, sin acudir a la crónica del Instituto.

El misterio —que siempre ha sido más de uno, dos especialmente— entre los caracteres que más huella han dejado en la política de Chile, desaparece a la vista de los hechos del Instituto a que concurrieron.

Más todavía: la sombra siempre oscura que proyecta en la vida de los pueblos de nuestro origen colonial la coexistencia de las exterioridades de la civilización con aquella interioridad de la barbarie que es la intolerancia, la crónica del Instituto está convirtiéndola a nuestros ojos, y por lo que respecta a Chile, en clara luz.

La formación de los elementos personales que han favorecido la composición de elementos sociales en fuerza de gobierno, nunca se muestra tan natural como cuando la seguimos en el proceso de la institución que acariciaron en su cuna tan desemejantes soñadores de bien patrio como Salas y Camilo Henríquez, como Infante y Egaña.

Haber dado ese objetivo a la historia del Instituto Nacional, habría sido preferible. Pero tal cual es, el libro del señor don Amunátegui Solar es un libro interesante y provechoso. Tiene de provechoso cuanto tiene de estímulo para ideas como las antes enunciadas al pasar. Tiene de interesante cuantos hechos, esfuerzos, hombres, esbozos de luchas sociales y embriones de ideas nos presenta.

La particularidad de versar esta parte de la crónica del Instituto sobre tres de sus rectorados más activos, y de tener por fuerza que informarnos acerca de la actividad mental y literaria de dos hombres como Montt y Varas, que poco después con su actividad administrativa y política llenaron dos decenios, da un atractivo más a los que con su abundancia de datos, pormenores y documentos fehacientes le ha dado el autor.

Pero, lo que constituye el mayor atractivo de este libro, y en este sentido es buena suerte que se haya reducido a los límites de una crónica, es el ambiente de tiempos pasados que le dan los hombres y los hechos que en él se presentan y que el discreto cronista ha tenido la prudencia, el cuidado y el tacto de dejar que digan por sí mismos qué son, quiénes son y por qué son como aparecen.

Por una parte, la lejanía en que los coloca el punto de vista en que circunstancias más fáciles nos ponen para juzgarlos, demuestra el progreso que va de aquellos tan cercanos a estos que ya parecen lejanos. Por otra parte, el espectáculo de sus esfuerzos, de sus escrúpulos, de sus primeras y segundas intenciones, y de su constancia, tenacidad y lentitud en la fábrica de su orden intelectual que hubiera de servir a un orden político y social, produce el encanto que para todos tiene el comienzo de una construcción, principalmente cuando los materiales no son muchos, ni bastantes los constructores, ni suficiente el arte, y a medida que la fábrica se levanta, va uno aplaudiendo el triunfo del trabajo y la victoria de un propósito firme sobre la resistencia y la inercia y la rutina de los unos, así como sobre la no muy clara noción propia del objeto esencial de la construcción.

Son fabricadores de uno de los cimientos de la patria. Todos igualmente amantes de la patria, porque si en alguna obra colectiva de chilenos brilla más que en otra el férvido patriotismo que a todas las hace tan sólidas, es en la constitución intelectual, aun cuando no igualmente guiados por el mismo propósito ideal. Unos quieren trabajar con materiales viejos, aprovechando lo poco que tenían; otros quieren una fábrica moderna, acaparando materiales, útiles e ideas que ven en otras partes. Hay, pues, hasta el interés del drama. Bajo la acción común de todos ellos en dirección a una necesidad, una fuerza y una futura gloria de la patria, hay verdadera lucha. Los unos luchan por satisfacer la necesidad según la entienden. Los otros por conquistar para la patria la gloria a cuyo soñado resplandor la ven más bella. Los cautelosos trabajan por producir la fuerza política que han encontrado en la formación de una casta de letrados.

Ya en este segundo momento del Instituto, se ha pasado de Salas, Henríquez, Egaña, padre Infante y de cuantos relacionaron el nacimiento de la patria con el nacimiento de una cultura nacional, propia, característica, distintiva. Ahora aparecen Montt, Varas, Cousiño, Güemes, García, Reyes, Tocornal, Sanfuentes, Lastarria y otros muchos; y episódicamente, como víctima el uno, y los otros como jueces de aquellos hombres y momentos, Francisco Bilbao, Barros Arana, Amunátegui, N. Bilbao y el doctor Aguirre.

Como cooperadores, iniciando, iluminando y guiando con frecuencia, aprobando otras veces lo conocido y tenido en otros medios, favoreciendo y facilitando siempre la tarea, pero siempre retenidos en sus puestos, algunos obligados a tener que recordar su posición de extraños, se presentan aquellos nobles colaboradores, a veces fundadores de enseñanzas nuevas, como Sazie, Gorbea, Puente, Best, Lafargue, Von der Heyl, Domeyko, Crosnier, y aquellos generosos copartícipes de los afanes y de las angustias de la construcción que, lanzados de fábrica idéntica o semejante en suelos menos tranquilos del Continente, vinieron aquí a traer el contingente de sus aptitudes y de sus virtudes casi todos, y algunos, como Bello, Sarmiento, Vicente F. López el empuje de una gran intelectualidad o de un gran carácter o de una personalidad original.

El señor Amunátegui ha hecho un acto oportuno y trascendente al presentarnos estos y aquellos hombres en la obra sin término en que todos brillaron con diverso brillo individual bajo el común destello de la luz con que juntos procuraron iluminar el porvenir de Chile.

Santiago, 93.

Las leyes de la enseñanza

I

Cuatro palabras acerca del autor, vivas, sinceras, orgullosas, antes de ocuparme de la obra.

El doctor Berra, argentino, es una personalidad representativa. Representa el generoso afán de nuestros pueblos por elevarse en brazos de la verdad, desde el surco en donde los dejó postrados la tradición, hasta el nivel en que la civilización coloca a los ganosos de verdad, justicia y bien.

Era abogado, y dejó el foro por el aula: era, en su patria, de los que podían surgir por propio esfuerzo, y dejó el suelo nativo por el de la vecina República del Uruguay.

Unido a un puñado de buenos, en pocos años hizo en desarrollo, adelanto y bien de la enseñanza en el Uruguay, lo que con muchos malos no habría hecho en tiempo magno, ya fuera, ya dentro de su patria.

Sabedor de que la Escuela es la piedra angular de la República, con su esfuerzo, con su talento, con su lectura asidua, con su pensar continuo, con sus amigos y compañeros de trabajo, puso la enseñanza primaria del Uruguay en tan fuerte y orgánica correlación con los fines pedagógicos de la enseñanza fundamental, y con el propósito social de la Escuela Pública, que solo allí, en la República Argentina (a donde volvió a reencaminarla) existe en Sudamérica esa alma madre de las democracias.

Conocedor también de que en el estado actual de nuestro desarrollo, la enseñanza secundaria es el verdadero auxiliar del progreso económico y científico de pueblos tan nuevos como estos, y tan abrumados como ellos por los males de su origen, trabajó sin descanso hasta que contribuyó a organizar, y dejó organizado uno de los institutos de enseñanza secundaria más completos, más útiles que hay en tierras de hijos de españoles.

Somos los de ese origen tan conservadores de lo malo, y esa conservación hace tan rutinaria, tan imitativa, tan servil, tan poco original, la producción social y la intelectual, que, cuando me encuentro en mi camino con un Berra, que no solo amplía las organizaciones escolares, dándoles un valor local, sino que transforma en pensamiento propio lo pensado e ideado por organizadores extranjeros de la instrucción pública y por filosofadores yanquis, anglosajones o suizos de la educación colectiva, no puedo menos de celebrar la firmeza y la constancia con que sigo profetizando la grandeza futura de estos pueblos, a pesar de los desengaños que me cuestan y de los mentís que me dan.

Mientras que la copia servil de leyes de enseñanza, de planes de estudio, de programas calcados sobre los programas europeos, no han producido nada hasta ahora en los dos países sudamericanos que estamos acostumbrados a considerar como los más adelantados en su organización general, la diminuta República del Uruguay, que tomó como punto de partida la Escuela pública de los Estados Unidos en la organización y enseñanza elemental, ha concluido, gracias principalmente a Berra, aunque acompañado y secundado por notabilísimos hombres públicos de aquel país, por darle una enseñanza fundamental tan adecuada, que acaso pueda considerarse al Uruguay como el único país que en Sudamérica tiene como cosa propia, como institución adecuada a sus necesidades, modificada según el plan de Berra, la Escuela Pública, el aumento social de las instituciones republicanas que tan corto número de hombres públicos ha comprendido en nuestra América latina, y que tan incomprensible, insensata y siniestramente se contentan con trasplantar de Europa, desnaturalizándola, los Gobiernos de casi todos los Estados sudamericanos.

Imitadores de la Escuela que coadyuva en Europa a los fines de la monarquía, con más razón, y con menos riesgo, habían de ser y han sido plagiarios de la enseñanza secundaria.

Berra, también en esto, dio prueba de un instinto superior, y, después de cooperar al establecimiento, no de las todavía escolásticamente llamadas *humanidades*, sino de un instituto efectivo de enseñanza secundaria, mostró en ese *Reglamento de la Enseñanza Secundaria*, un proyecto de organización y un plan de estudios singularmente extenso e incomparablemente superior a todo lo que existe en Europa y en su impasible imitadora, Sudamérica.

Hace dos años, el doctor Berra, me escribió anunciándome su regreso a la patria nativa, de donde lo llamaron para ponerlo al frente de la Dirección general de las Escuelas Públicas de la República Argentina: y no mucho después, me noticiaba desde la ciudad de la Plata, capital de la Provincia de Buenos Aires y residencia de la Dirección general de la Enseñanza primaria, que se habían desatado y desmandado contra él todos los áspides que envenenan la vida de los reformadores.

No por eso ha dejado de pensar, y fruto de su tranquilo esfuerzo mental ha sido la recomposición de una antigua obra suya sobre la ciencia de la Enseñan
za, el libro que, a fines del pasado o principios de este año, ha publicado con el título de *Resumen de Las leyes naturales de la enseñanza*.

II

El primero de los grandes méritos del inteligente y concienzudo pedagogo, al exponer las leyes de la pedagogía, está en la firme y sólida noción que tiene de la ciencia.

Como que el tratado preliminar, dado por él a luz, es uno a manera de premio de un tratado completo sobre la ciencia de la enseñanza, no ha tenido por qué ni para qué exponer expresamente su noción de ciencia; pero es muestra patente de que es sólida, cuando le vemos enunciando, exponiendo leyes y raciocinando sobre ellas.

Ya se verá no tarde que, estimando muchísimo toda la exposición, y, de un modo completamente favorable, algunas de las por el autor llamadas *leyes*, pienso que son en número excesivo; pero, así y todo, y aunque convenga mucho reducir a meros *principios* las enunciadas por Berra como leyes, se manifiesta la elevada noción de que parte el autor de este *Resumen de Las leyes naturales de la enseñanza*.

En vez de *elevada*, dígase y léase *verdadera*. En la verdad no hay niveles, y el que atina con ella, no puede estar más alto que estando al nivel de la verdad.

Cierto es que hay leyes naturales de la Enseñanza, porque la comunicación de los conocimientos que es el *medio*, y el desenvolvimiento de la razón, que es el *fin* esencial de la Enseñanza, constituyen ya por sí solos una relación de medio a fin, necesariamente sujeta a una condición ineludible. Y como de la correlación de estas condiciones ineludibles entre sí es de lo que surge el orden en las cosas naturales y en las cosas sociales, es manifiesto que ese, como todo orden, está sujeto a leyes.

La ciencia, la verdadera ciencia, la exposición de un orden dado de la naturaleza y de la Sociedad, no es, en definitiva, más que la interpretación de un orden manifiesto en una o más leyes naturales.

Por lo tanto, el estudio de una ciencia obliga al conocimiento de las leyes que constituyen un orden cualquiera.

La prueba de que el expositor argentino conoce cabalmente el concepto que maneja, está en que le atribuye leyes. Así, fundada en su base propia, la exposición tendrá que ser realmente científica, y positivamente verdadera.

Me interesa tanto más hacer resaltar este mérito de la obra que me complazco en dar a conocer, cuanto que, obra americana, de autor americano, está condenada a menosprecio: en nuestra América latina, nadie lee estas obras; si llega a Europa, el asombro de verlas proceder de América induce a indiferencias depresivas o a encomios no comprobados, tan contrarios éstos como aquéllas al progreso de la verdad.

Además, de los estudios contemporáneos sobre la ciencia y el arte de la enseñanza, no conozco ninguno que se ajuste a la noción fundamental que acabo de exponer, y que conceptúo, como fundamental, necesaria a toda sistematización de ideas científicas.

Libros europeos que pasan por magistrales, y que prevalecen del modo más ciego, más injusto y más infructuoso en el aleccionamiento de los aprendices de pedagogía en Sudamérica, no son, en último análisis, otra cosa que exponentes de criterios de escuelas pedagógicas, e indicaciones de que los países viejos, en pedagogía, como en todo, son viejos.

Esta sencillez que acabo de describir con la mayor espontaneidad, es tan inaccesible al intelecto latinoamericano obsesionado con la presunta superioridad de la producción intelectual de Europa, que mi empeño por conservar y mantener la iniciativa y la originalidad del pensamiento americano me causa frecuentes disentimientos, que en estos mismos días han tornado el carácter de hostilidades llamadas algún día a convertirse en mi favor.

Mas, como el tener juicio personal, iniciativa, originalidad, medios y fines propios de organización, régimen y procedimientos tanto pedagógicos cuanto didácticos, si ocasiona penalidades y hasta persecuciones, atrae adeptos, amigos y poder moral, tengo por de buena fe el declarar que no es solo mi complacencia de pensador independiente, cada vez que encuentro a uno que piense, sino el mérito substancial de la obra de Berra, lo que me llama a exponer su contenido.

El *Resumen de Las leyes naturales de la enseñanza* empieza por una útil, oportuna y bien hecha distinción entre lo que debe entenderse por teoría y por *práctica*; continua con un razonamiento muy lúcido, que tiene por objeto adaptar a la tarea general del libro las dos nociones que van a servirle de fundamento, y prosigue con la enunciación y determinación de las leyes que son su propósito científico.

Para poder empezar el análisis crítico que me propongo, conviene dejar aquí, al terminar estas consideraciones generales, el cuadro de las leyes que el pedagogo argentino expone como fundamentos de la ciencia de la transmisión de los conocimientos.

Hélo aquí:

Universalidad, Integridad, Concomitancia, Proporcionalidad, Unidad del Saber, Objetivación, Capacidad, Ordenación lógica, Ordenación investigadora, Desenvolvimiento, Continuidad, Coordinación, Combinación, Oportunidad, Correspondencia, Aplicación metódica, Ejercitación adquisitiva, Repetición, Acumulación, Intermitencia, Suficiencia, Atención, Motivación, Bienestar, Autonomía, Dirección, Acomodación de formas, Sociabilidad y Simultaneidad.

III

Dicho ya que ley natural es la relación infalible entre una serie de causas y de efectos, queda dicho que las veintinueve leyes enunciadas y razonadas por el pedagogo argentino son más de las que se han necesitado para fundar el orden cósmico.

Es indudable que, a pesar de ser tan certero en sus intuiciones, los hechos de que ha partido para fundar esas inducciones lo han llevado más allá de su alcance natural.

El alcance natural de un hecho que se ha observado atentamente; que se ha comprobado experimentalmente; que se ha descompuesto y analizado en sus elementos componentes; que se ha clasificado puntualmente; que se ha recompuesto según la intrínseca relación de sus elementos; que se ha incorporado al grupo de que forma parte, no por su aspecto, sino por sus afinidades efectivas; el alcance natural de un hecho, es un principio. Para llegar a la ley es necesario remover el orden entero de relaciones causales y finales. Y entonces se descubre que el número de leyes es extraordinariamente reducido; mucho más reducido de lo que piensan los más parcos.

En cambio, el número de principios es indefinido: a donde quiera que un hecho conduzca un entendimiento, allí hay un principio. En el sencillísimo y *reducidísimo* funcionar de la razón humana, la realidad nos da hechos; la concordancia de los hechos nos da principios; la concordancia de causas y de efectos nos da leyes.

De este operar resulta que el entendimiento puede, por medio de la inducción, fabricar sin límites los principios o verdades parciales que corresponden a las fórmulas de realidades estudiadas, porque esas fórmulas son el resultado de la actividad subjetiva, el modo peculiar, la característica, la visión individual de cada entendimiento.

En vez de seguir en su proceso el entendimiento, digamos, para andar pronto, lo que se produce del proceso: se produce el conocimiento de verdades parciales o concretas, por medio de la coordinación de hechos; el conocimiento de verdades generales y abstractas, por medio de la correlación de causas y de efectos. Los principios, que son el término de la inducción, formulan, moldean, dan molde o fórmula a cada verdad concreta; las leyes con el exponente mismo del orden natural que se examina. En otros términos: los principios son subjetivos; las leyes son objetivas; aquéllos son hijos de la mente; éstas son hijas de la naturaleza.[6]

En aquel aspecto de la naturaleza en que aparece ordenada en series cada vez más complicadas el fenómeno de la vida, se llega a una serie definida, que es la Sociedad; siendo una de las fases del orden universal, contiene leyes. Una de ellas, la ley de educación, o de cultura, o de civilización.

De esa ley son principios los que, imitando a los naturalistas y a los químicos, que abusan del concepto, llama leyes de la enseñanza el doctor Berra.

Como quiera que las llame, reputo que el solo hecho de fundar la ciencia de la enseñanza en el conocimiento de un orden determinado, y éste en la indagación de las leyes que lo constituyen, es haber dado el paso que no han dado todavía los pedagogos europeos. Ahora agrego: que algunos de los principios fundamentales de la ciencia de enseñar han sido tan profundamente escrutados por el pensador argentino, que inevitablemente se llega a ellos siguiendo el derrotero de

---

[6] Siendo, por tanto, los principios la expresión del modo subjetivo de entender una verdad concreta, pueden ser y efectivamente son tan numerosos como cortas en número las leyes reales, que exponen, manifiestan o patentizan el orden en cada aspecto de la naturaleza.

los hechos de donde él parte, prueba ella de la exactitud de la inducción en que el principio descansa.

Entre esos principios indicados con exactitud, y que pueden ya considerarse como una verdad pedagógica bien establecida, está la que el autor llama *ley de integridad*. Voy a exponerla y discutirla, porque importa.

IV

En la imposibilidad de consagrar más tiempo a esta dulce tarea de hacer justicia a los méritos de un pensador latinoamericano, he querido escoger tal porción de su obra, que el examen de la parte demuestre la importancia del todo.

La elección es difícil, porque la unidad de razonamiento y la uniformidad de procedimiento son tan eficaces en la obra del autor de *Las leyes naturales de la enseñanza*, que ninguno de los principios de la filosofía pedagógica a que él ha dado, no sin antecedentes valederos, el nombre de leyes, carece de fuerza ni verdad. Pero uno tiene entre todos, conjuntamente con su importancia científica, tal aptitud de aplicación a la vida cotidiana de todos nuestros pueblos, que no me ha dejado lugar a vacilación. Es el principio que el doctor Berra llama *ley de integridad*: por eso lo he escogido para *dar a conocer* la obra.

Como el nombre mismo de la ley lo indica, se trata de la integridad de los estudios fundamentales; se indaga cuáles son las materias que deben entrar en la enseñanza *íntegra* del pueblo.

Para llegar a ese conocimiento, hay tres procedimientos, o más bien, dos métodos y un procedimiento: el método inductivo, que es el seguido en su exposición por el autor; el método deductivo, que fue el seguido en Santo Domingo por el organizador de la enseñanza normal; y el procedimiento empírico, que es el generalmente seguido en los planes de estudio de las escuelas primarias y secundarias de casi todos nuestros países y los otros.

Invirtiendo los enumerados, empezaré por el último, a fin de hacer entender con más facilidad el principio que formula Berra.

En la organización empírica de la escuela primaria —y ésta es una de las razones en que me fundo para decir que la mayor parte de nuestra América latina no conoce la verdadera escuela pública— los estudios no son ordenados por principio alguno ni deducidos de ninguna clasificación científica: se amontonan enseñanzas que el pensar común ha ido reconociendo necesarias, y nada más. A lo sumo, cuando el espíritu de las instituciones republicanas se ha visto en conflicto con las tendencias tradicionales de una población monárquica, y se ha reconocido necesario en Francia, por ejemplo, oponer conocimientos positivos a nociones teológicas, se ha tanteado un poco en la realidad que hace fuerza contra la organización social jurídica, y entonces se ha planteado, como un problema de vida o muerte para las nuevas instituciones, la indagación del mínimum de conocimientos en la escuela pública. De aquí, un aumento ocasional en la enseñanza primaria, y la organización de escuelas graduadas, suplementarias, preparatorias, etc.

En la organización de la Escuela pública por el método deductivo, cuyo modelo y único ejemplar, hasta ahora, era la organización de las Escuelas Normales en la República Dominicana, el organizador pensó que la base de la escuela es una clasificación previa de los conocimientos humanos, y tomando como base la más sencilla de todas las clasificaciones zoológicas, la de Comte, fundó en ella el plan de estudios.

El doctor Berra procede por inducción. Su punto de partida es el *hecho* del desenvolvimiento de individuos y colectividades. Unos y otros ajustan a él la satisfacción de sus necesidades. Cuando el ajuste es bueno, el desarrollo es bueno; malo es, cuando aquél es malo.

Bueno o malo, el ajuste de necesidades a desarrollos origina la suma de esfuerzos o trabajos físicos, morales e intelectuales, que hacen los hombres para cumplir con sus deberes y realizar los fines de su vida.

Y como el esfuerzo o trabajo se ha de aprender a hacer, si la especie humana ha de salir del período de tanteo en que individuos y sociedades se encuentran en su primer momento, se induce este principio, o, como dice el pedagogo argentino, esta ley: «Los seres humanos deben aprender todas las asignaturas que sean indispensables para realizar el desenvolvimiento de su poder privado individual, de su poder privado colectivo, de su poder municipal, de su poder político.»

Ese es el principio de integridad de la enseñanza. Formulado en otros términos, podemos presentarlo en estas dos proposiciones:

1.ª La enseñanza ha de ser íntegra:

2.ª La integridad de la enseñanza reclama que el enseñado, instruyendo o educando, aprenda todo lo que es necesario para poder desenvolverse como organismo individual, como individuo que actúa en una colectividad, como vecino o miembro de una sociedad municipal y como ciudadano de un Estado, o como parte integrante de una asociación política.

Como estas actitudes se manifiestan en múltiples necesidades, la enseñanza íntegra ha de contener el conocimiento y aprendizaje de todos los esfuerzos o trabajos correspondientes a *todas* las necesidades físicas, morales o intelectuales, ya sean de carácter individual o colectivo, ya de carácter público o privado.

Y como las necesidades se refieren a la conservación y al restablecimiento de la salud individual; al cambio de trabajo por subsistencias; al régimen de la vida por el conocimiento de los intereses públicos y privados; de los deberes privados y públicos; de los derechos individuales y sociales; de las conveniencias o convenciones domésticas y urbanas; al cambio y expresión de las ideas, sentimientos y voliciones, y, por último, a la adquisición personal de los conocimientos y a la transmisión de ellos, se infiere que el plan de estudios fundamentales contiene, en su total integridad, doce asignaturas.

Yo he hecho la clasificación por medio de una síntesis; y por eso podría reducir el plan de estudios. Pero el autor, que procede analíticamente, llega a las doce asignaturas que enumera así:

1. Aprender a preservar y robustecer la salud corporal y mental del propio individuo y del pueblo.
2. Aprender a restablecer la salud en casos de enfermedad.
3. Aprender trabajos mecánicos.
4. Aprender a calcular.
5. Aprender a dibujar.
6. Aprender a llevar la contabilidad.
7. Aprender a obrar según las leyes económicas, en lo privado y en lo público.
8. Aprender a obrar según las leyes morales, en lo privado y en lo público.
9. Aprender a obrar según las leyes políticas en lo privado y en lo público.
10. Aprender a obrar según las leyes de la urbanidad, en lo privado y en lo público.
11. Aprender a ordenar y expresar las ideas, los sentimientos, los actos de voluntad, esto es, los estados de la mente.

12. Aprender a instruirse y a educarse a sí propio, y a enseñar a los demás.

Presentando en forma rutinaria ese plan de estudios, comprende: —Lectura, Escritura y Gramática (11); Urbanidad (10); Aritmética (4); Dibujo (5); Contabilidad o Teneduría de Libros (6); Trabajos manuales (3); Gimnasia e Higiene (1); Medicina casera (2); Principios de Economía doméstica y política (7); Principios de moral individual y social (8); Principios de derecho civil y político (9); Principios de pedagogía (12).

Comparado con el plan empírico que generalmente se sigue en las escuelas públicas, y con el plan deductivo de las Normales de la República chilena, resulta:

Que el plan de la Escuela pública, que debió derivarse de la enseñanza moral, tenía: de más, las asignaturas de ciencias positivas; de menos, la higiene, la medicina casera y los trabajos mecánicos; que el plan de estudios de la Escuela pública tradicional, tiene de menos las asignaturas de los números 1, 2, 3, 5, 6, 7, 8, 9, 10.

En la República Argentina, al frente de cuya dirección general de Escuelas está actualmente el doctor Berra, en Montevideo y en Chile, se ha empezado últimamente (al menos en Chile) a introducir en la enseñanza escolar los trabajos manuales, y ya de tiempo el aprendizaje de la gimnasia, que es una enseñanza práctica de higiene; pero claro se patentiza la diferencia enorme que hay del plan razonado del pedagogo argentino a la acumulación del otro plan.

Es verdad que, deduciéndolo de una clasificación científica, como la en que se fundó la enseñanza normal de la República Dominicana, el plan de estudios suministra conocimientos indispensables que el plan de Berra no contiene; pero no es menos verdad que el plan está perfectamente inducido y que, para llenar el vacío, que he notado, basta pensar que el trabajo del entendimiento no puede dar por fruto la necesidad de desarrollo intelectual si el ejercicio no se efectúa por medio de las nociones que suministran las ciencias positivas.

La obra de Lastarria

I

Hemos leído con alborozo y seguimos reflexionando con fruto un libro que honra a la América latina. Lleva por título *Lecciones de Política positiva*; el objeto es reducir a doctrina sistemática los principios esenciales que hacen del gobierno de las sociedades una ciencia positiva; el autor es uno de los latinoamericanos más beneméritos, uno de los chilenos que más poderosa, más ferviente y más desinteresadamente han contribuido al progreso moral e intelectual de su patria, y uno de los hombres más dignos de respeto, porque es uno de los *self-made men* (hombres hijos de sus obras), que más victoriosamente ha combatido con sus propias fuerzas por su perfeccionamiento individual y por el del medio social en que se ha formado.

Si el señor JOSÉ VICTORINO LASTARRIA fuera un hombre desconocido en la América latina, que aplaude y deifica, sin duda porque solo de nombre los conoce, a los mil célebres indignos que la fama ruidosa convierte en ídolos de los millones de irreflexivos que allá llevan su triste idolatría donde levanta su altar un charlatán; si el pensador silencioso que ha dado su *Libro de Oro* a nuestros niños, la *Derecho Constitucional* a nuestros adolescentes, el *Historia de medio siglo*, su *América*, sus *Discursos* literarios y políticos, las admirables *Misceláneas* a los hombres de estudio y a los obreros del porvenir latinoamericano, si, en fin, el continuo batallador de la verdad y la libertad fuera desconocido en el Continente por el cual ha hecho cuanto bueno ha hecho, sería preciso resignarse a afirmar que no hay sección alguna de nuestra América latina que merezca los grandes espíritus que producen todas ellas, puesto que todas ellas son tan ingratas con sus hombres eminentes como lo son, por sistema, las secciones que les han servido de patria inmediata.

Desconózcalo o conózcalo, nuestro continente tiene en el señor Lastarria un hombre digno de Smiles, el biógrafo de los hombres producto de sí mismos, que es dignidad superior a la concedida por Plutarco a los *Ilustres*.

En la obra intelectual del señor Lastarria, el último libro no es un hecho aislado, sino una consecuencia lógica de hechos anteriores. El benemérito chileno ha sido el segundo, si no ha sido el primero, que observando en su exacta realidad el movimiento de la América latina hacia su civilización, reconoció que todo el continente educado por España estaba y está en el segundo momento de su independencia: emancipado el territorio, había quedado esclavizado el espíritu de la sociedad latinoamericana, y era obra necesaria el libertarlo. Para contribuir eficazmente a la independencia moral, era necesario divulgar las verdades que corresponden a un sistema social y político totalmente opuesto al colonial, desconceptuar las teorías hipócritas o falsas que la influencia francesa popularizaba, desarraigar errores, hábitos de pensamiento y creencias vulgares que prolongaban en la nación independiente el imperio moral del coloniaje. El señor Lastarria tiene una tendencia de carácter que ha favorecido su patriótico programa. Observa, lee, piensa, discurre, constituye un orden de ideas, e inmediatamente tiende a aplicarlas útilmente al fin que ha querido contribuir a realizar. Independientemente de las obras didácticas y de los trabajos literarios, que, como sus discursos políticos y su intervención en la política militante de Chile, llevan en general el sello de una acción reflexiva hacia un objeto previamente establecido, el pensador chileno ha depositado en tres libros substanciales —*Historia de medio siglo*, la América, *Lecciones de Política positiva*— la idea inicial que lo ha guiado y la prueba de su tendencia a realizarla. Por distintas que sean por el carácter, esas tres obras son idénticas en su propósito. La primera discute, juzga, y, aunque indecisamente, condena la conjuración de errores y supercherías que hasta mediados del siglo dieron el aparato de una filosofía política al absurdo constitucionalismo que Thiers formuló con su habitual osadía contra la lógica, que Guizot y todos los eclécticos dogmatizaron, y que casi todos los caudillos y oligarcas de la América latina acogieron con deleite y aprovecharon con liberticida sutileza. La *América* es una discusión de la mayor parte de los trabajos de filosofía política que hasta 1865 habían intentado sistematizar las hipótesis, teorías, nociones, verdades y abstracciones referentes al Estado, a la Autoridad, a la Libertad, etc. La última obra es una aplicación directa del sistema hasta ahora más completo de sociología. Entre esas tres obras hay un progreso asombroso en el pensamiento del autor, que extendiendo sucesivamente la órbita del propósito fundamental de todas ellas —contribuir a la emancipación moral del espíritu chileno— ha pasado de ecléctico que se presentaba en la primera a positivo que es en la última, y ha concluido por emanciparse totalmente de las esclavitudes de pensamiento de que con tan alta previsión ha querido emancipar a sus hermanos. Juzgando hechos en su *Historia*, confrontando teorías en su *América*, deduciendo y ordenando verdades comprobables en sus Lecciones, siempre ha sido uno mismo el esfuerzo del autor, y como producto de esa unidad de esfuerzo y como en esencia hermanadas por él, deben considerarse esas tres obras. Pero de una a otra hay en las tres tantas diferencias cuantas exigen la peculiaridad de la materia, el propósito inmediato y los progresos ya efectuados en la mente del autor, y sus *Lecciones de Política positiva* difieren de sus obras anteriores en método, en procedimiento y en ideas. Es el punto culminante de la serie y es la organización más completa de la serie. Antes habló un político más o menos racionalista: ahora habla, sin vacilaciones, sin titubeos, sin conflictos con el propio pensamiento, un pensador positivo que, al encontrarse con un método científico que se adecua exactamente a su tendencia mental, lo aplica libre, desembarazada, lúcidamente, produciendo una obra sólida por el encadenamiento de sus partes, una de las aplicaciones más oportunas que se han hecho de los principios de la sociología, y uno de los servicios más meritorios que la inteligencia ha hecho a nuestras nacientes sociedades.

De una obra que en tal concepto tenemos, no nos es lícito hablar a la ligera.

II

Antes, y para hacerla apreciar en su valor específico, consiéntasenos una breve exposición.

Para los que conozcan las indagaciones más recientes de la ciencia de la vida en sus funciones orgánicas (*biología*), no será una revelación el hecho observado y comprobado que «nada ni nadie muere de repente» o lo equivalente a ese aforismo: que la desorganización llamada *muerte* o destrucción de un organismo cualquiera (planta, bruto, individuo humano) se verifica por grados, de órgano en órgano y de función orgánica en función orgánica. Puede, en el hombre por ejemplo, morir el núcleo central de la vitalidad, el cerebelo, y ese organismo destruido en su órgano esencial sigue viviendo en otros órganos: póngasele otra vez el cerebelo y volverá a funcionar el organismo entero y a vivir el individuo muerto.

Para los que hayan observado un caso cualquiera de demencia individual, no puede ser verdad desconocida el hecho de que la facultad anímica que llamamos razón, continúa funcionando parcialmente en alguna de sus operaciones cuando la lesión encefálica no es absoluta, y aun en este caso funciona —hasta que muere— en la subfacultad representativa de la razón, la fantasía.

Para los que hayan estudiado la historia, no como índice de sucesos y de fechas, sino como expresión de la vida activa, sensitiva e intelectiva de la humanidad, no puede ser resultante desconocida de ella que las instituciones, las costumbres y las ideas no se transforman ni pueden transformase súbitamente.

Procediendo inversamente, de formación a construcción, en vez —como acabamos de hacerlo— de construcción a destrucción, cualquier reflexivo observador ha podido en la vida individual orgánica, en la vida individual anímica y en la vida colectiva y total del ser humano, establecer como verdades comprobadas estos tres hechos: primero, que el fenómeno de la vida orgánica resulta de la coordinación y desarrollo de órganos en serie y de funciones en correlación; segundo, que el fenómeno de la vida anímica o espiritual, resulta de la correspondencia de diversas operaciones y de la coexistencia de las varias facultades que las ejecutan; tercero, que el fenómeno de la vida de la humanidad resulta de la organización o incorporación de la doble vida orgánica y anímica del individuo humano en la suma o conjunto de todas las actividades y todas las operaciones de la especie humana.

De cualquier modo que se analicen estos dos órdenes de fenómenos —ya los comprendidos en el fenómeno general de la destrucción, ya los coeficientes del fenómeno general de la organización— se llega inductiva o deductivamente a una de estas dos afirmaciones: o que hay una serie de leyes universales que abarcan el orden cósmico, o que hay una ley cosmogónica que comprende en todo y en parte cada uno de los fenómenos, materia e inteligencia, órganos y facultades, individuos y especies, que contiene en todas sus esferas el orden general del mundo. La primera afirmación, hecha en 1819 por Augusto Comte, el más humano de los pensadores franceses de la época contemporánea y acaso el más útil de todos los pensadores de la época moderna, ha producido la filosofía positiva. La segunda afirmación, hecha en 1854 por Herberto Spencer, el pensador inglés que más servicios ha hecho a la fisiología y a la sociología, ha producido la filosofía, o más exactamente, la teoría de la evolución universal.

Los comtistas o positivistas consideran todos las fenómenos, todas las organizaciones, todas las ciencias, como aplicaciones inmediatas o mediatas de las leyes universales que ordenan la extensión y el movimiento de la materia elemental, la atracción de los átomos y la gravitación de los cuerpos planetarios, la acción y propiedades de los agentes físicos, la incorporación química de las moléculas, la operación y transformación biológica de los organismos vivientes, el proceso o progreso o desenvolvimiento o evolución de las sociedades: las aplicaciones inmediatas se llaman ciencias abstractas; las que de éstas se derivan, o ciencias concretas, son aplicaciones mediatas de esas leyes. El punto de partida del positivismo es la abstención de todo concepto ontológico o metafísico, y, por consecuencia, la eliminación de los problemas metafísicos y de las causas iniciales y finales; el método de la filosofía positiva es el aconsejado por el procedimiento de las ciencias exactas y por el proceso intelectual de la humanidad en la historia; es decir, de lo universal a lo particular, de lo abstracto a lo concreto, del fenómeno a la circunstancia o *medio* en que se da; el objeto de la doctrina comtista es enlazar en un conjunto racional y armónico, ligando en un encadenamiento lógico todas las verdades probadas y comprobables de las ciencias positivas, toda la realidad del universo y toda la serie de fenómenos objetivos y subjetivos que los sentidos y las facultades de la razón pueden percibir y experimentar, analizar y sintetizar. El primer resultado positivo de esta grandiosa concepción fue la organización de todos los fenómenos relativos a la existencia, crecimiento, desarrollo, acciones y reacciones de la humanidad en una ciencia abstracta, la *Sociología*. Los spencerianos o evolucionistas (si podemos juzgarlos por dos obras del maestro[7] y por exposiciones favorables y adversas de su teoría) afirman que todo, en el mundo de la materia y del espíritu, en los hechos de realidad y de conciencia, en la vida del individuo y de las especies, es obra de la evolución universal o de un proceso continuo que se manifiesta empíricamente en toda organización, en toda vida, en toda sociedad, y científicamente en la ley de relación universal, en la ley de las fuerzas, y en la ley de la redistribución continua. El punto de partida del evolucionismo es la universalidad del principio de evolución; su método, el de las ciencias físico-matemáticas o exactas, aunque no las clasifica como A. Comte y difiere de él en la proposición de los tres momentos históricos del pensamiento: estado teológico, metafísico y positivo o científico. La filosofía spenceriana no está aún suficientemente organizada para que pueda atribuírsele un fin doctrinal; pero ha fecundado muchas ramas de las ciencias físicas, morales y sociales.

Independientemente de otras analogías (pues la doctrina de la evolución está formulada intrínsecamente en la de Comte) ambos sistemas tienen un origen semejante; el primero nace de un examen de las causas del desorden intelectual y moral de nuestra época; el segundo, de la concepción continua de la humanidad. Comte creyó que el orden social se restablecería

---

7   Clasificación de las Ciencias, Respuesta a los Críticos, Por qué me separo de Augusto Comte, De las leyes en general, en un volumen (traducción francesa de 1872). Descriptive Sociology. Nueva York, 1874.

reconstruyendo al pensamiento y dejando morir en paz los sistemas teológicos y metafísicos que, agonizantes, todavía gobiernan a la humanidad en su conciencia y a la sociedad civil en sus instituciones.

Deduciendo de una ley universal las bases fundamentales de la sociedad, creó la sociología; aplicando a la sociedad civil los datos de la sociología, intentó hacer un bien en su *Política positiva.*

Tales son los antecedentes del libro del señor Lastarria.

Todo lo que hoy se ha hecho para organizar las sociedades es malo, falso o negativo. Malo, cuando se ha tomado por base social un principio de autoridad que hacía omnipotente a un individuo, a una familia, a un credo religioso, a una jerarquía, a una serie de errores impuestos por la fuerza bruta. Falso, cuando se ha fundado la sociedad civil en especulaciones metafísicas; en trilogías revolucionarias, como la aspiración trina de la primera revolución francesa; en principios mal formulados y diabólicamente desarrollados, como el de nacionalidad; en sofismas como los de la monarquía constitucional y el imperio democrático; en transacciones hipócritas o dolosas, como la del sistema parlamentario y la teoría de las repúblicas conservadoras o radicales. Negativo, cuando de la tradición histórica, del carácter y las costumbres de una raza y del empirismo que se llama *genio práctico*, se deduce un estado político que no corresponde al social ni a los fines de la sociedad, como el constitucionalismo consuetudinario de Inglaterra.

Era necesario saber que había un orden universal dentro del cual el ser humano, individual y colectivo no era un fenómeno de sí mismo, sino un hecho relacionado con otros hechos, para que ocurriera la observación y se intentara la comprobación de otro fenómeno general de la naturaleza: que todo en ella se presenta coordinado, y que en medio de esa coordinación total, las cosas y los seres que tienen comunidad de origen individual, identidad de medios o carácter, unidad de objeto y fin, viven, crecen, funcionan, progresan, declinan y se realizan *libremente*. Observar y comprobar esto, equivalía a deducir esta verdad: que el orden es una resultante de la unidad, y que la libertad es una función indispensable de la variedad. La infinita unidad de los fenómenos de la realidad universal ¿excluye y anula la infinita variedad de cuanto existe, o la anula e incluye? Viceversa: la libérrima variedad de lo diverso ¿desune, desordena y anarquiza el universo, o constituye su completo organizarse? La noción metafísica de los átomos —que un día había de ser principio positivo de las ciencias físicas— contestaba afirmativamente desde Anaxágoras; la concepción primera de la unidad de las especies animales contesta afirmativamente desde Aristóteles; la demostración de una misma ley de movimiento para todo nuestro sistema planetario, contestaba afirmativamente desde Hiparco y Galileo; todas las clasificaciones botánicas, desde Linneo hasta De Candolle, contestaban afirmativamente. En todas esas afirmaciones, la estabilidad normal de cada uno de esos órdenes de hechos naturales, correspondía a la unidad de orden o de ley, y el cambio, acción, progresión o libertad correspondía al vario desenvolverse del átomo en la masa, del planeta en su sistema, del animal en su especie, del vegetal en su familia o en su género. Y existiendo esta normalidad o esta ley invariable para todos los órdenes de fenómenos observables ¿no existiría en el orden a que aparentemente concurren las demás, es decir, en el conjunto de hechos que se derivan de la doble vida individual y colectiva de la humanidad? Todas las constituciones artificiales de las sociedades o, lo que es lo mismo, toda la política negativa de todos los tiempos contestaba que sí, puesto que la historia de la anarquía y de la tiranía no es más que la historia de la negación o infracción de esa ley general en la vida social u organizada el hombre. Pero hubo una contestación más terminante, una afirmación más categórica, y la dio el Nuevo Mundo cuando, instintiva o, a lo sumo, empíricamente, constituyó una nueva sociedad con nuevas bases, y cuando, contradiciendo a casi todas las afirmaciones teóricas e históricas de las sociedades viejas, confirmó en su organización territorial y política las demostraciones científicas que del equilibrio perpetuo y universal de unidad y variedad hacían casi al mismo tiempo Lamark, Saint-Hilaire, Buffon, Laplace y los metafísicos alemanes Kant, Fichte, Hegel, Krause que, en su tendencia armónica, deben ser considerados como servidores de la ciencia positiva.

¿Qué hicieron los verdaderos creadores de la Federación norteamericana? No otra cosa, en apariencia, que utilizar las condiciones anteriores de la sociedad colonial educada por Inglaterra, y a lo sumo recordar los ensayos de federación republicana que veinte y un siglos antes había hecho en sus congojas la raza helénica; pero en realidad, lo que instintivamente produjeron los constituyentes de la sociedad norteamericana, fue una aplicación directa del orden de la naturaleza al orden de la sociedad.

He aquí lo que tenían que hacer: ligar en un mismo sentimiento de nacionalidad trece colonias que no tenían más vínculo de unión que el mismo medio geográfico y la misma dependencia política, y armonizar en idéntico derecho a tres millones de pobladores que no tenían otras afinidades que las de idioma y raza. He aquí lo que hicieron: combinar la unidad nacional con la variedad territorial, declarándose federación para los fines colectivos de la raza, en tanto que se declaraban soberanías para los fines parciales de cada Estado, y armonizar la libertad absoluta de cada individuo en su derecho, con la absoluta autoridad de la sociedad civil para los fines del derecho.

He aquí lo que resultó: una triple federación, la territorial, que combinaba las varias soberanías interiores de cada Estado con la unidad de acción de todos ellos bajo una misma ley fundamental y una misma dirección; la política, que armonizaba la variedad de la vida individual de los asociados con la unidad de fines de la sociedad; la federación intelectual y moral de los componentes individuales y territoriales de la nación, que unificaba en idénticas aspiraciones de raza y civilización, las varias tendencias intelectuales y morales de los ciudadanos en su propia vida y del pueblo en su crecimiento y su progreso.

Esto, que por un venturoso concurso de circunstancias, acontecía espontáneamente en una sociedad, acontecía sencillamente porque esa sociedad acataba y, en su organización territorial y política, aplicaba una ley cósmica que invariablemente se muestra en toda organización; por lo tanto, eran aplicables al orden de las sociedades algunas de las leyes que deciden del orden cósmico, y si, *a posteriori*, la razón práctica o empírica encontraba en el orden y en la sanidad de la sociedad norteamericana una prueba tangible de la universalidad de la ley de organización, la razón científica descubría *a priori* que, habiendo una ley para el orden social y un modo adecuado a esa ley, había una ciencia positiva de las sociedades, que, con las bases de la vida social, daba necesariamente un orden fijo, y había un arte que consistía en unir y armonizar, formando un todo orgánico, los fundamentos de organización natural que eran esencia de la misma vida de la humanidad. Luego, si con solo aconsejarse de su genio positivo, la democracia angloamericana había producido una organización y un gobierno racionales, era posible producir científicamente una organización más racional y un gobierno más perfecto. Después de instituir en la *Sociología* las leyes universales de la sociabilidad, Augusto Comte las aplicó en su *Política positiva*. La institución científica fue un éxito: la aplicación artística fue un fracaso. En vez de aplicar leyes universales a una sociedad, Comte forzó las leyes de la sociabilidad a conformarse a un determinado estado social de la humanidad, al que en Francia ha resultado de toda la vida histórica de aquel país. Si la aplicación teórica fue contraproducente, la práctica hubiera sido desastrosa.

Después de su *Política positiva*, la única aplicación directa de sus leyes sociológicas y la única[8] exposición didáctica de la sociología aplicada al gobierno teórico de las sociedades y a la política práctica de un pueblo, es el libro del señor José Victorino Lastarria.

Aun cuando las *Lecciones de política positiva* están divididas en dos partes (la Teoría social y la Teoría política), constan realmente de tres: la primera, que es una exposición de principios generales de sociología, como fundamento científico de organización social; la segunda, que es un tratado de derecho constitucional, en parte deducido de la teoría positiva de la sociedad, en parte basado en las formas orgánicas de la democracia norteamericana; la tercera, que, con las leyes de una Constitución política para su patria, la república de Chile, da la aplicación teórica de los principios sociológicos y políticos que científicamente ha expuesto y desenvuelto en las dos primeras partes.

Este libro —que es de inmensa importancia para la América latina, a cuya juventud, estadistas y gobernantes, da una norma científica de vida social y de conducta política en un

---

8   La única que conocemos, pues ninguno de los tratados de filosofía política y de derecho constitucional que tienen afinidades con el libro del señor Lastarria, son una exposición didáctica en el primer caso, ni aplicación de doctrinas positivas en el segundo.

resumen metódico de todas las ideas fundamentales del orden social y de todas las doctrinas positivas de la libertad política— significa un paso más en la ciencia; porque ha concretado en una forma sistemática sus verdades generales; inmenso progreso en el pensamiento de la América latina, porque la producción de una obra de ese carácter en nuestro medio político-social y en nuestra atmósfera intelectual, demuestra cuán adelantada está ya la obra de reacción contra las monstruosidades de la sociedad colonial y cuán general es la aspiración a una reorganización definitiva, cuando hay quien, con los materiales positivos de la ciencia y con los materiales negativos de nuestra propia historia, construye un edificio accesible a todos, porque todas las sociedades latinoamericanas tienen más facilidad que otra alguna para reconstituirse según la ciencia, y porque todos los gobiernos y partidos están purgando en luchas inútiles de organización, la falta de principios con que ellos proceden, y la ignorancia de sus fines en que han dejado al pueblo de todas las fracciones de la sociedad latinoamericana.

Ésta, dada su educación anterior, no podía sustraerse a las malas costumbres intelectuales y políticas mantenidas por causas obvias y palpables en toda Europa, y las siguió. Dentro de esas costumbres la ignorancia, la fuerza bruta, y la audacia característica de la ignorancia y de la fuerza bruta, se constituyeron en elementos de dirección y de gobierno. Como en Europa, el resultado fue el inevitable: gobiernos imbéciles o gobiernos malvados, porque no había imbécil con un poco de influencia y ambición, ni caudillo con un poco de audacia, ni audaz con un poco del miserable talento necesario para el mal, que no contara con la ignorancia general, con la debilidad general, con la popularidad que asegura a los audaces el aforismo que hace compañeros de viaje por el mundo a los astutos y los tontos. La masa eran los ignorantes; la amasaban los astutos. Como era natural, la hipocresía, la mentira, la fuerza, la sutileza, la argucia, en una sola palabra, la barbarie gobernaba a la barbarie. Dentro de aquel orden no cabía la civilización, sino introducida a la fuerza por la necesidad, y el gobierno y la dirección de la sociedad eran patrimonio de malvados o de imbéciles, que de la ciencia y del arte de aplicarla habían hecho la ciencia de hacer mal para imponerse y el arte de tener contentos a los hambrientos de posición o de dinero. Pero la necesidad introducía por la fuerza a la civilización en forma de barcos que comerciaban, de ferrocarriles que aumentaban los elementos comerciales, de telégrafos que infundían la fe en la conexión intelectual de todos los seres racionales; en forma de libros, que siempre patentizaban un abismo entre lo ideado y lo realizado, en forma de máquinas transformadoras, en forma de productos transformados, en forma de seres humanos que pensaban, sentían y procedían de diverso modo; y entonces empezó la sociedad a tener conciencia de sí misma, y, reaccionando contra sus anteriores elementos de gobierno, buscó otro en el elemento intelectual. El elemento intelectual más accesible era el que solo percibía la forma de la realidad, y todos los buscadores o exploradores de lo bello formaron parte integrante de la clase directiva de la sociedad. Desde entonces, a los primeros sistemas, siempre vigentes, de astucia y fuerza, se agregaron como sistema de gobierno cuantas frases conceptuosas, sofismas pulidos, raptos oratorios, misticismos líricos, teorías importadas, nonadas literarias, tópicos históricos e ignorancia enciclopédica llevaban en su cabeza llena de vacío los nuevos gerentes de la infortunada sociedad. Este es, retratado escrupulosamente, el estado político de todas las sociedades contemporáneas, excepto en gran parte la Federación americana, la suiza, y en menor parte, la Gran Bretaña. Ese es, especialmente, el estado político de la raza latina de ambos mundos, que a la secular enfermedad de su conciencia y a los vicios crónicos de una organización política en que nunca ha cabido la libertad, agrega hoy el malestar intelectual, de que son testimonio España en la variedad europea de nuestra raza, el infelicísimo Ecuador en la variedad americana.

Castigada con el dolor y la enfermedad la violación de las leyes sociales que aseguran el orden y la libertad de las asociaciones humanas, se presenta a los pueblos latinos de América, no una de las mil panaceas que el empirismo y el idealismo preparan de continuo para curación o resurrección de sociedades, sino un sistema completo de organización que, además de estar basado en todas y cada una de las ciencias que tienen por objeto el estudio de las leyes de la vida y del pensamiento, está contrastado en el fiel contraste de la realidad histórica por dos ejemplos (Federación americana, 1787 a 1875; Federación suiza, 1748 a 1875) que si aisladamente son convincentes, comparados son irresistibles. Todo lo que se sabe por observación histórica, por inducción lógica, por deducción científica, sobre las leyes de la vida individual y colectiva de la humanidad, sobre las fuerzas sociales, sobre los agentes físicos y morales del orden en la sociedad, sobre las bases, relaciones, formas y modos de la libertad, sobre el arte de organizarla en una Constitución política que corres
ponda a la constitución esencial o a la ley fundamental de la vida en las sociedades, todo se dice a la América latina en las *Lecciones de Política positiva*, y todo está reducido a esta sencilla concatenación: que las sociedades son vidas, que toda vida tiene sus funciones, que toda función tiene sus órganos, que órganos y funciones concurren al fin uno de la vida, que esta unidad se produce de aquella variedad, y que siendo ésta una condición de la libertad y aquella una condición del orden, para que éste se dé es necesario que antes se

dé la libertad, como para que se produzca el fenómeno de la salud en un organismo cualquiera es necesario que antes se haya producido la normalidad de funciones en sus órganos.

Dicho de otra manera: Federación de soberanías territoriales para coordenar la unidad de vida nacional en la variedad de intereses locales: Federación de autonomías individuales, para producir la libertad absoluta en el derecho: Federación de razones soberanas y de conciencias absolutamente independientes, para producir el objetivo de la raza, sea el que fuere, y el ideal social, que siempre es la justicia.

Ante la muralla de China del pasado, las sociedades europeas pueden vacilar: nosotros no debemos ni podemos hacerlo. Nuestro pasado no es nuestro: es el cadáver de la sociedad absurda que sus creadores dejaron al marcharse, y nosotros no enterraremos al insepulto hasta que nos organicemos para vivir racionalmente, según las leyes naturales de la vida.

El libro que nos dice cómo debemos organizarnos es un presente inestimable. El hombre que nos lo hace, un latinoamericano benemérito. Sea el fruto tan óptimo como es óptima la intención del que lo brinda, y acaso no volverán a deslizarse las amarguras que se deslizan en su libro y que son la única recompensa que hoy recibe en nuestra América latina el que piensa por ella y para ella.

Nueva York, 1875.

Temas políticos

El señor Alejandro Ángulo Guridi, antillano muy versado en el estudio del derecho público, se presenta ante los doctos de Chile con una obra que ha impreso en Santiago y cuyo primer volumen está ya en circulación.

Los temas políticos que el autor desarrolló en este primer volumen, son cinco: el origen de la sociedad, la soberanía, la religión, la igualdad y la libertad individual. Algunas veces, como en el tratamiento del segundo tema, hace frente a tesis tan interesantes por sí mismas como el municipio y el carácter de los estados federales; y el acopio de ideas, comprobantes y citas que en todos emplea, los hace particularmente atractivos para la abundante clase de lectores contra quienes desde la portada de su obra se previene el autor al advertir, con palabras de López Pelegrín, que «en materias científicas no hay más jerarquía que el raciocinio y las pruebas».

La obra tiene valor literario y valor científico.

Como obra literaria, es muy amena, está escrita en buena lengua castellana y avivada por ingenio muy de hombre de mundo, de vida y de experiencia.

Como obra científica, es una contribución considerable a los estudios de legislación comparada que cada día va popularizando más la cada día más obvia idea de que los estudios experimentales, en los cuales se procede por comparación, analogía y confrontación, son procedimientos equivalentes al experimento de laboratorio en los estudios cosmológicos.

El propósito de estos estudios comparativos de legislación es exponer las diferencias que, en la expresión de las ideas relativas a cada uno de los temas escogidos por el tratadista, ofrecen entre sí las constituciones políticas de Chile, Argentina, Venezuela, Santo Domingo, México, Estados centroamericanos, Colombia, Ecuador, Perú, Bolivia —que el autor comprende bajo el nombre genérico de «Hispano-América»— el Brasil y Haití.

Como constitución típica, a la cual refiere con frecuencia los aciertos o los desaciertos de las otras, presenta la constitución por excelencia, la de los Estados Unidos.

No contento con los datos que esos códigos le suministran, va alguna vez a pedirlos a la carta otorgada por Solano López al Paraguay, y llega con los republicanos del Brasil hasta la constitución de la federación brasilera.

Si desde el punto de vista de los materiales alcanza hasta el día en que escribe, desde el punto de vista de la expresión de las ideas sube hasta a las nuevas concepciones de doctrina y a una información cabal del estado coetáneo de la ciencia del derecho.

Para ofrecer más aliciente a los lectores de latitudes elevadas, el autor no es teorizante. Aunque los temas políticos no le han servido sino como ejercicio de su propio criterio en la exposición de las ideas que ellos contienen, no es tanto la correlación latente de la doctrina, no tanto el doctrinar lo que le mueve cuanto la contradicción potente, cuanto la crítica política, lo que ha puesto a discutir.

Es tal vez el fondo oscuro de la obra: el autor no es un apóstol de ideas buenas, sino un enemigo de ideas malas. Parece que ha vivido mucho para ver muchas inconsecuencias entre la teoría y la práctica del gobierno representativo en nuestra América, y habla más como espíritu indignado que como corazón compadecido.

En este concepto entra en las filas de los críticos impasibles que tanto han procreado en nuestras nacientes y ya insensibles sociedades, y se aleja del corto número de pensadores que reivindica la sensibilidad como un coeficiente de civilización y que se apena honda y sinceramente, como de males propios, y aún más que de sus propios males, con los que a cada paso producen en nuestra América las inconsecuencias con la libertad que a todo se refiere; con el derecho, que es el alma de la libertad; con el sentimiento de la dignidad, que es alma mater del derecho.

Pero, como quiera que sea, el autor trata los temas con abundancia de ingenio y de conocimiento, y bien se ve que, a pesar de sus mordiscos, algún buen sentimiento lo ha movido, porque la exposición de esos temas corresponde a un proceso de selección en el cual se manifiestan, como promesas y principales, aquellos problemas de derecho público que efectivamente afectan más al desarrollo de nuestras sociedades y cuya incompleta comprensión y aplicación ha lastimado más al crecimiento jurídico y sociológico de los pueblos latinos del Nuevo Continente.

Con efecto, y a juzgar por esta primera parte de la obra, el autor no diserta a discreción y por mero entretenimiento del ingenio: la soberanía, las relaciones de la Iglesia y el Estado, la fuerza constructora de la actividad individual, tres de sus temas, temas continuos son de cuantos entendimientos sanos ven en la América latina los efectos políticos de una incompleta iniciación jurídica, y las causas remotas y cercanas de esa incompleta iniciación.

Alguno de esos temas, el religioso, tiene cuanta extensión conviene a su procedencia, cuantas buenas intenciones corresponden a su influencia práctica y cuanto ameno dato entretiene e inadvertidamente educa la curiosidad vagabunda de la pluralidad de los lectores.

En el plan de la obra se deja ver también que, no obstante el risueño escepticismo del autor, se conoce la benéfica utilidad de este género de propaganda jurídica, porque es un plan aplicado con regularidad desde el principio al fin. El autor empieza por un preámbulo la exposición de cada tema;

enseguida presenta el derecho constituido acerca de él, en cada una de las constituciones que compara, y hace, por fin, en largas consideraciones generales, la revista de las ideas comunes y científicas acerca del tema.

Tal como es el mencionado libro, es útil. Enseña, a los que quieran aprender, una noción precisa sobre todos y cada uno de los puntos tratados en la obra; enseña cómo han convertido en precepto esa noción las varias constituciones de la América latina; enseña, por último, qué piensan los pensadores, y qué el público de nuestros países, acerca de los problemas que más afectan a nuestro porvenir.

La circunstancia de haberse publicado este libro en los mismos días en que ha aparecido la obra póstuma del señor Huneus sobre derecho público comparado, debe considerarse como una fortuna para el señor Ángulo Guridi, porque el deseo de comparar entre sí esos dos libros gemelos dará más lectores a uno y a otro.

Que ambos los tengan en gran número, es el deseo más natural de quien sabe cuán íntima es la relación entre la lectura de esos libros y la fuerza del sentimiento del derecho.

Santiago, 1893.

Cartas críticas

A Ricardo Palma. Lima.

I

Agradecido al espontáneo esfuerzo que usted ha hecho por buscar y enviarme el único ejemplar que, según usted me escribe, le quedaba de sus preciosas *Tradiciones*, hurté tiempo a la necesidad de otras lecturas, y me puse a saborear la de su libro.

Al principio me propuse leer tradición por tradición, hasta acabar. Pero, a no mucho, creí descubrir en el pensamiento fundamental de la obra un enlace tan íntimo con la misma materia prima de su trabajo literario, que hice del índice mi guía, y leí de modo que apareciera a mi vista el pensamiento reflexivo de la obra. Así sucedió en cuanto hube leído varias de las narracioncitas que figuran en las seis series de su libro, y que abarcan todo el período colonial.

Es en vano tratar de describirle la complacencia con que he leído lo que, hasta ahora, he podido y querido leer de su libro. Por el placer que usted habrá experimentado al escribirlo, induzca el que está llamado a producir en sus lectores. Lo que sí debo tratar de explicarle, para así merecer el espontáneo y agradecido obsequio, es la razón de los gratos efectos que en mí ha producido la lectura.

Ante todo, las *Tradiciones* me han presentado en forma accesible para el pueblo de la América latina (y en donde no tengamos pueblo, para el vulgo) aquella vida y costumbres del coloniaje que, en vano, Barros Arana, Amunátegui y Vicuña Makenna empezaron, en Chile, a revelar en estudios y exhumaciones históricas que solo a lectores reflexivos es dado apreciar y comprender.

En segundo lugar, las *Tradiciones* están escritas en un lenguaje y un estilo que merecen concienzuda admiración. Y no porque el lenguaje sea castizo, que, en ese punto, opino hoy como opinaba en Madrid, cuando el bueno del dos veces gran Hartzenbusch se imponía la benévola tarea de atraerme a su devoción por el habla feliz del Siglo de oro. Entonces decía al noble viejo lo que pienso todavía: pienso que cada edad, en individuo y sociedades, tiene su forma peculiar de expresión, forma que corresponde al fondo de realidad que el pensamiento ha descubierto, al fondo de sensibilidad en que el corazón ha penetrado, al fondo de actividad en que nos ha sumergido el propósito de nuestra vida.

No he admirado tampoco el estilo de las *Tradiciones* porque sea, espontánea y generalmente, feliz imitación del estilo personal de Cervantes, cuando expresamente lo imita, y del estilo picaresco de todos los escritores del siglo XVI, siglo español por excelencia, en que satisfecha de su fortuna la sociedad hasta entonces incierta de sí misma, contempla el mundo como suyo, contempla asegurado para siempre el porvenir, y procediendo como proceden los afortunados, en todo confió por confiar en su fortuna, a todo sonreía por sonreír a su esperanza de perpetuo bien, se rió de todo porque estaba alegre de la suerte, y hablando como pensaba, sentía y quería, hacía de la palabra la expresión de ese estado psicológico de la sociedad.

El motivo crítico en que se funda la complacencia con que he saboreado las narraciones que he leído de su libro, no es la imitación de lenguaje y estilo que me parecen fósiles, sino la realmente admirable adecuación del lenguaje y estilo imitados, a la época y vida social a que las *Tradiciones* se refieren. El lenguaje, por sí mismo, y el estilo, cuando no es revelación de una personalidad intelectual, en nada contribuyen al placer estético o al mérito artístico de una obra literaria. Así el purismo de Ferrer del Río, en su *Historia de Carlos III*, o el hacinamiento de arcaísmos de que tanto alarde hizo Amador de los Ríos en su *Historia de la literatura española*, lejos de ser elemento estético y merecimiento artístico, son violencias idiomáticas que infringen penosamente la ley general del lenguaje, exponente necesario del estado de cultura colectiva. Esos, y cuantos esfuerzos académicos se hacen en España y en la América latina, para estacionar la lengua castellana en el que llaman «momento de su mayor esplendor», como si el momento de mayor esplendor para un idioma fuera el en que menos ha servido a la razón humana, lo doy de buen grado por uno solo de los discursos de Jovellanos o por la Historia de Venezuela de Baralt y Díaz, o por la de Chile de Barros Arana, o por el Derecho Internacional de Bellor, o por lo que he leído de los estudios de Sotomayor acerca de la Historia de Bolivia, o por los *Precursores de la Independencia* de Amunátegui. Y eso que este último, como todos los que aspiran al laconismo conceptuoso, desde las Empresas de Saavedra hasta los juguetes literarios de Selgas, no solo violenta la sintaxis particular del idioma castellano, sino lo que es más pernicioso, la sintaxis lógica.

Pero las *Tradiciones peruanas*, que, desde el momento en que usted las descubrió, constituyeron una unidad literaria por la continuidad del espíritu que las anima, tenían como él su lengua propia, su estilo natural, su forma anexa al fondo social que habían de revelar. Gran arte o admirable intuición ha sido el presentarlas en su forma necesaria, narrarlas en el lenguaje que les acomoda, ataviarlas en el estilo de su tiempo.

Esta conformidad de fondo y forma que, en toda obra de arte, es condición esencial de buen éxito, me explica la popularidad, la sana popularidad, que usted debe en la América latina, en España, y entre sus traductores, a sus fáciles narraciones.

En alguna de ellas (*¡A Iglesia me llamo!* por ejemplo) la lengua inculca de tal modo el espíritu del tiempo, que producen lo que llamaría *ilusión acústica*, si con esa locución expresara, exacta o aproximadamente, el efecto producido en mí por el diálogo de la monja-alférez y de Mendo Jiménez. En otras (como la consagrada a representar las costumbres escolares del coloniaje) el estilo de la narración es tan picaresco que parece un episodio de *Guzmán de Alfarache* o de *Gil Blas*. Algunas, como el *Caballero de la Virgen*, son donosísima imitación del estilo de Cervantes.

Todos estos méritos literarios no darían, sin embargo, el valor artístico que el libro tiene, si no fuera tan sólido el pensamiento que, poco a poco, fue formándose a medida que fue usted cultivando el campo virgen que tuvo la fortuna de descubrir, la paciencia de cultivar y el talento de hacer productivo.

Muy probable es que, en los primeros esfuerzos de usted por dar a conocer la primera infancia de la sociedad peruana, no viera tanto un pensamiento serio, útil y patriótico, como un pasatiempo glorioso para quien lograra solazarse con la transformación de tan abundante materia prima, como es la vida colonial, en un bello y ameno y placentero producto literario. Pero es seguro que, a medida que ha ido descifrando manuscritos, ha ido usted descifrando el misterio del coloniaje, y pensando que era obra buena el revelarnos el misterio. Las mismas abundantes pretericiones en que el peruano de hoy echa de menos el Perú de ayer, me prueban que esas quejas del patriotismo son ayes del que, aleccionado, comunica sollozando la lección.

El patriota ha comparado dos momentos igualmente penosos de la misma sociedad nativa, ha tenido por necesidad que ver patentemente que esto viene de aquello, y para hacer manifiesta su tristeza, ha afectado echar de menos lo más malo.

De modo que, en el fondo, las aparentemente ligeras tradiciones del Perú, son, por la fuerza virtual del pensamiento que las une, una obra concienzuda de patriotismo o una obra de lastimado patriotismo.

Y si ese no es el pensamiento fundamental de sus narraciones, de tal modo lo es para mí, que he leído las que expresamente he buscado con el fin de que correspondieran a la idea general que les atribuí, con la misma tristeza que sentí al pasear por las calles de Lima en la noche de mi llegada, a la ciudad que no se ve sin pena ni se deja sin dolor. En estas lecturas, como en aquella noche, el pasado colonial de nuestra América latina se me apareció como alma en pena que, no bien desterrada todavía, intenta quedarse en el corazón y la memoria de las gentes ya que no puede violar la ley de la muerte y las leyes de la vida.

Pero noto que si he dicho lo que tiene de bueno, aun no he empezado a decir lo que tiene de malo el libro que tanto le agradezco, y es deber mío decirlo. Mas, no aquí; en otra carta.

II

Lo que encuentro de malo en sus *Tradiciones*, dicho sea de una vez, es el dejo de tristeza que me ha quedado en el espíritu. Esa resurrección artística de un pasado social tan sin base, que no ha podido servir de asiento firme y seguro a la nueva sociedad que vino en pos, haga reír al que se ría de todo y complazca sin remordimientos de razón, que son tan dolorosos como deben ser los remordimientos de conciencia, a los sibaritas de las letras, que celebran a lo bello por el placer de lo bello y aplauden el arte por el mérito del arte. A mí, que contemplo en el pasado colonial la causa de nuestro anárquico presente, cuanto más me haga reír el artista, presentándome de relieve el doloroso ridículo de nuestra vida colonial, más me apenará el pensar en la inanidad de aquel pasado.

Verdad es que no hay arte tan solo, que también hay cierta recóndita moralidad en la reproducción de un cuadro social que si tiene un primer término risueño en las puerilidades, jocosidades, humoradas, caprichos, veleidades y antojadizo desarrollo de una sociedad infante, tiene por último término el vacío. ¿Qué es una sociedad ahogada por la más sabia colección de ineptos que pueda desear para sostenedor suyo el despotismo? ¿Qué es una vida colectiva que empieza en los crímenes públicos más abominables y que se desarrolla en la serie completa de las inmoralidades privadas?

¿Qué va a ser de ese pueblo, ahíto de superstición y fanatismo, aterrado por la Inquisición, extraviado por las prácticas de una Iglesia de aparato, guiado por el ejemplo de cuatro mil (en solo Lima) frailes y monjas, crapulosos ellos, escandalosas ellas, cuando llegue el momento de ser pueblo?

¿Qué hay detrás de aquella riqueza natural de Pasco y Potosí, de aquella riqueza vegetal de Jauja y de Moquegua, de aquella opulencia fundada en la servidumbre de quichuas y aimaraes, de aquel boato oriental de virreyes, intendentes y corregidores, cuando llegue la hora del balance social, y la Independencia busque productores en donde la colonia no ofrece más que ociosos consumidores de la industria de unos cuantos millones de aherrojados?

Aquella donosa genialidad intelectual, que desde temprano brilló en la sociedad naciente y que formó tres como zonas de intelectualidad, una en Lima, otra en Arequipa, otra en el Cuzco, ¿qué fruto habrá de dar en el momento de aprovecharla para la patria nueva, malgastada por el coloniaje como ha sido, en el cambio de fútiles ingenuidades y en la absoluta pérdida del tiempo oportuno para pensar y meditar?

Esa admirable mujer peruana (pues no es solo admirable la limeña) que desde el momento que la producen el clima y el cruzamiento, resplandece con todos los fulgores de la gracia bella, del ingenio amable y de la dignidad sencilla ¿qué va a hacer después de la colonia, cuando ya no le sirvan para nada su educación de devocionario y rebocillo, su vida de claustro y galanteo, su escenario de comedias de capa y espada, sustituido por un teatro de tan múltiple actividad como la vida moderna?

A los millares de ociosos y ociosas que pululan en los centenares de conventos del virreinato ¿en qué, y cómo, va a emplearlos el nuevo régimen social?

De los millones de indígenas que la conquista subyugó y la colonia embruteció, ¿qué va a hacer la nación independiente?

Con tales elementos, dominando los malos y combinando los buenos entre sí, una dirección social inteligente pudo hacer una sociedad singularmente apropiada a la civilización: que en esa, como en todas las sociedades de origen español, no ha sido lo malo el elemento sociológico (que, al contrario, es muy bueno), sino el procedimiento orgánico, que no ha podido ser peor.

Presentar pareados ese buen elemento sociológico y ese pésimo procedimiento orgánico, es sin duda castigar ante la Historia a la nación que no supo aprovecharse a sí misma para, con sus elementos buenos, fabricar en el Nuevo Mundo una nueva sociedad que realizara en él lo que virtudes y vicios, cualidades y defectos, aptitudes y deficiencias de la raza española han podido, debido y están aún llamadas a producir.

Pero ya ve usted cuanto hay que profundizar para encontrar esa moral justiciera, en las donairosas ligerezas de lenguaje, estilo y pensamiento que encantan en sus *Tradiciones*.

Yo quisiera que no me hiciera usted trabajar tanto para descubrir en sus donaires ese jugoso pensamiento: quisiera que utilizara en beneficio de la verdad, de la equidad y de la ciencia, el considerable caudal de datos que ha hacinado, y el aún más considerable contingente de experiencias que podría traer.

La verdad, la equidad y la ciencia están interesadas en la reconstrucción de ese pasado: la primera, para ofrecerlo a la Historia tal cual fue, y dar a los estudios históricos, en el Perú, la fuerza de cohesión que les ha dado, en Chile, la escuela chilena; la equidad, para hacer justicia a la sociedad peruana, cuya vida solo se apreciará con justiciera imparcialidad, cuando se tenga la explicación positiva de su pasado histórico; la ciencia, para dar a la sociología la clave del desarrollo de la vida de esa sociedad.

Para prestar ese eminente servicio a su patria no necesita usted hacer más que un esfuerzo: dar unidad a los materiales que le han servido para las cien construcciones pequeñas que ha levantado con ellos.

Notará usted que he subordinado los motivos de alta razón y de moral que hay para empeñarse en la tarea, a un motivo de patriotismo: y es porque considero obra patriótica la que se encamine a reconstruir la existencia pasada del Perú. Falto del sentimiento de la patria nativa será el peruano, falto del sentimiento de la patria colectiva estará el latinoamericano que no vean en las dolorosas vicisitudes del Perú la necesidad de una reorganización reflexiva de su vida actual, y falto de vista quien no vea que la base de esta reorganización está en el cuadro de sus antecedentes. Ofrecer es cuadro será, pues, un servicio práctico a la patria peruana, tanto como un servicio teórico a la historia, a la crítica y a la sociología. ¿Por qué no los ha de prestar usted?

¿Por la seriedad del propósito? ¿Y acaso no es serio el objeto literario que usted ha tenido desde que empezó a ver en el fondo de la materia que manipuló con tanto arte?

¿Por falta de elemento estético en la obra que se le propone? Pero si la obra es la misma; lo único en que diferirá es en la concepción de su exacta trascendencia, y lejos de disminuir, aumentará con la trascendencia de la obra la cantidad del elemento estético. Tan artista de pensamiento y de palabra es Vico, fundador del sistema de la historia, como Maquiavelo, inconsciente cooperador de la sociología aun no fundada; Rollin concienzudo narrador; como Saint-Simon, cronista armado de su indignación y despecho; Thiers, endiosador, como Lanfrey, juez de un hombre siniestro y de un período; Paz Soldán, narrador cejijunto de la vida del Perú, como usted, risueño expositor de fragmentos de la vida colonial del Perú.

Est modus in rebus, y sin dejar de ser risueño puede usted ser eminentemente útil al bienestar futuro de su patria, que tanto ha menester un régimen más estable que el hasta ahora incierto, como una noción clara de sus antecedentes, para fundar en ellos ese régimen.

Por lejos que nos hayamos puesto de las *Tradiciones*, yo creo que estaremos más dentro de ellas que jamás lo estuvimos, si la obra por hacer corresponde a las aptitudes del autor de la ya hecha.

Santo Domingo, a de mayo de 1886.

Libros a la carta

A la carta es un servicio especializado para
empresas,
librerías,
bibliotecas,
editoriales
y centros de enseñanza;
y permite confeccionar libros que, por su formato y concepción, sirven a los propósitos más específicos de estas instituciones.

Las empresas nos encargan ediciones personalizadas para marketing editorial o para regalos institucionales. Y los interesados solicitan, a título personal, ediciones antiguas, o no disponibles en el mercado; y las acompañan con notas y comentarios críticos.

Las ediciones tienen como apoyo un libro de estilo con todo tipo de referencias sobre los criterios de tratamiento tipográfico aplicados a nuestros libros que puede ser consultado en Linkgua-ediciones.com.

Linkgua edita por encargo diferentes versiones de una misma obra con distintos tratamientos ortotipográficos (actualizaciones de carácter divulgativo de un clásico, o versiones estrictamente fieles a la edición original de referencia).

Este servicio de ediciones a la carta le permitirá, si usted se dedica a la enseñanza, tener una forma de hacer pública su interpretación de un texto y, sobre una versión digitalizada «base», usted podrá introducir interpretaciones del texto fuente. Es un tópico que los profesores denuncien en clase los desmanes de una edición, o vayan comentando errores de interpretación de un texto y esta es una solución útil a esa necesidad del mundo académico.

Asimismo publicamos de manera sistemática, en un mismo catálogo, tesis doctorales y actas de congresos académicos, que son distribuidas a través de nuestra Web.

El servicio de «libros a la carta» funciona de dos formas.

1. Tenemos un fondo de libros digitalizados que usted puede personalizar en tiradas de al menos cinco ejemplares. Estas personalizaciones pueden ser de todo tipo: añadir notas de clase para uso de un grupo de estudiantes, introducir logos corporativos para uso con fines de marketing empresarial, etc. etc.

2. Buscamos libros descatalogados de otras editoriales y los reeditamos en tiradas cortas a petición de un cliente.

www.ingramcontent.com/pod-product-compliance
Lightning Source LLC
Chambersburg PA
CBHW020835160426
43192CB00007B/666